**_não contem
com o fim do livro**

Umberto Eco
Jean-Claude Carrière

_não contem com o fim do livro

Tradução de
André Telles

CIP-Brasil. Catalogação-na-fonte
Sindicato Nacional dos Editores de Livros, RJ.

C312n Carrière, Jean-Claude, 1931-
Não contem com o fim do livro / Jean-Claude Carrière, Umberto Eco; tradução de André Telles. – Rio de Janeiro: Record, 2010.

Tradução de: N'espérez pas vous débarrasser des livres
ISBN 978-85-01-08853-6

1. Livros e leitura. 2. Tecnologia da informação. 3. Inovações tecnológicas. I. Eco, Umberto, 1932-. II. Título.

10-0411   CDD: 028.9
                                                  CDU: 028

Título original em francês:
N'ESPÉREZ PAS VOUS DÉBARRASSER DES LIVRES

Copyright © Éditions Grasset & Fasquelle, 2009

Editoração eletrônica: Abreu's System

Todos os direitos reservados. Proibida a reprodução, armazenamento ou transmissão de partes deste livro, através de quaisquer meios, sem prévia autorização por escrito.
Proibida a venda desta edição
em Portugal e resto da Europa.

Direitos exclusivos de publicação em língua portuguesa somente para o Brasil adquiridos pela
EDITORA RECORD LTDA.
Rua Argentina, 171 – Rio de Janeiro, RJ – 20921-380 – Tel.: 2585-2000, que se reserva a propriedade literária desta tradução

Impresso no Brasil

ISBN 978-85-01-08853-6

Seja um leitor preferencial Record
Cadastre-se e receba informações sobre nossos lançamentos e nossas promoções.

Atendimento e venda direta ao leitor
mdireto@record.com.br ou (21) 2585-2002

EDITORA AFILIADA

Sumário

Prefácio.. 7

O livro não morrerá.. 15

Nada mais efêmero do que os
 suportes duráveis....................................... 21

As galinhas levaram um século para
 aprender a não atravessar a rua............... 41

Citar os nomes de todos os participantes
 da batalha de Waterloo.............................. 59

A revanche dos filtrados................................ 71

Todo livro publicado hoje é um
 pós-incunábulo.. 95

Livros que fazem de tudo para cair
 nas nossas mãos... 125

Nosso conhecimento do passado deve-se
 a cretinos, imbecis ou adversários............ 145

Nada detém a vaidade.................................... 157

Elogio da burrice.. 171

A Internet ou a impossibilidade da
    damnatio memoriae...................................... 189
A censura pelo fogo.. 199
Todos os livros que não lemos 217
Livro no altar e livros no "Inferno" 233
O que fazer de sua biblioteca depois
    da sua morte? 259

PREFÁCIO

"Isso matará aquilo. O livro matará o edifício." Hugo coloca sua célebre fórmula na boca de Claude Frollo, arquidiácono de Notre-Dame de Paris. Provavelmente a arquitetura não morrerá, mas perderá sua função de bandeira de uma cultura que se transforma. "Quando a comparamos ao pensamento que se faz livro, e para o qual basta um pouco de papel, um pouco de tinta e uma pena, como se espantar com o fato de a inteligência ter trocado a arquitetura pela tipografia?" Nossas "Bíblias de pedra" não desapareceram, mas, estranhamente, no fim da Idade Média, o conjunto da produção dos textos manuscritos, depois impressos, esse "formigueiro das inteligências", essa "colmeia onde todas as imaginações, essas abelhas douradas, aportam com seu mel", desqualificou-as. Da mesma forma, se o livro eletrônico terminar por se impor em detrimento do livro impresso, há poucas razões para que seja capaz de tirá-lo de nossas casas e de nossos hábitos. Portanto, o *e-book* não matará o livro — como Gutenberg e sua genial invenção não suprimiram de um dia para o outro o uso dos códices, nem este, o comércio dos rolos de papiros ou *volumina*. Os usos e costumes coexistem e nada nos apetece mais do que alargar o leque dos possíveis. O filme matou o quadro? A televisão, o cinema? Boas-vindas então às pranchetas e periféricos de leitura que nos dão acesso, através de uma única tela, à biblioteca universal doravante digitalizada.

A questão está antes em saber que mudança a leitura na tela introduzirá no que até hoje abordamos virando as páginas dos livros. O que ganharemos com esses novos livrinhos brancos, e, principalmente, o que perderemos? Hábitos ancestrais, talvez. Certa sacralidade com que o livro foi aureolado no contexto de uma civilização que o instalara no altar. Uma intimidade especial entre o autor e seu leitor que a noção de hipertextualidade irá necessariamente constranger. A ideia de "cercado" que o livro simbolizava e, justamente por isso, evidentemente, algumas práticas de leitura. "Ao romper o antigo laço atado entre os discursos e sua materialidade", declarava Roger Chartier durante sua aula inaugural no Collège de France, "a revolução digital obriga a uma radical revisão dos gestos e noções que associamos ao escrito". Profundas revoluções provavelmente, mas das quais voltaremos a emergir.

A finalidade das conversas entre Jean-Claude Carrière e Umberto Eco não era estatuir sobre a natureza das transformações e perturbações talvez anunciadas pela adoção em grande escala (ou não) do livro eletrônico. Suas experiências de bibliófilos — colecionadores de livros antigos e raros, pesquisadores e farejadores de incunábulos — os faz antes aqui considerar o livro, como a roda, uma espécie de perfeição insuperável na ordem do imaginário. Quando a civilização inventa a roda, vê-se condenada a se repetir *ad nauseam*. Quer escolhamos fazer remontar a invenção do livro aos primeiros códices (aproximadamente no século II de nossa era) ou aos rolos de papiros mais antigos, achamo-nos diante de uma ferramenta que, independentemente das mutações que sofreu, mostrou-se de uma extraordinária fidelidade a si mesma. O livro aparece aqui como uma espécie de "roda do saber e do imaginário" que as revoluções tecnológicas, anunciadas ou temidas, não deterão. Uma vez feita esta consoladora observação, o debate real pode ter início.

O livro está prestes a fazer sua revolução tecnológica. Mas o que é um livro? Quais são os livros que, nas nossas estantes, nas das bibliotecas do mundo inteiro, encerram os conhecimentos e devaneios que a humanidade acumula desde que se viu em condições de se escrever? Que imagem temos dessa odisseia do espírito através deles? Que espelhos eles nos estendem? Não considerando senão a nata dessa produção, as obras-primas em torno das quais se estabelecem os consensos culturais, estaremos sendo fiéis à sua função característica que é simplesmente guardar em lugar seguro o que o esquecimento ameaça sempre destruir? Ou devemos aceitar uma imagem menos lisonjeadora de nós mesmos considerando a extraordinária inteligência que caracteriza também essa profusão de escritos? O livro é necessariamente o símbolo dos progressos com que tentamos fazer esquecer as trevas das quais continuamos a acreditar que agora saímos? Do que nos falam exatamente os livros?

A essas preocupações sobre a natureza do testemunho que nossas bibliotecas dão de um conhecimento mais sincero de nós mesmos, vêm acrescentar-se interrogações sobre o que subsistiu até nós. Os livros são o reflexo fiel do que o gênio humano, mais ou menos inspirado, produziu? Mal se coloca, a questão desorienta. Como não nos lembrar imediatamente daquelas fornalhas onde tantos livros continuam a se consumir? Como se os livros e a liberdade de expressão de que eles logo vieram a se tornar símbolo tivessem engendrado inúmeros censores preocupados em controlar seu uso e sua distribuição, e às vezes confiscá-los para sempre. E, quando não foi o caso de destruição organizada, foram bibliotecas inteiras que o fogo, por simples paixão de queimar e reduzir a cinzas, levou ao silêncio — as fogueiras vindo como que alimentar-se umas às outras até consolidar a ideia de que essa incontrolável profusão legitimava uma forma de regulação. Logo, a história da produção dos livros é indissociável da de um verdadeiro bibliocausto, sempre recomeçado. Censura, ignorância, imbecilidade, inquisição, auto de fé, negligência, distração, incêndio terão assim constituído outros tantos escolhos, às vezes foices, no caminho dos livros. Todos os esforços de arquivamento e conservação nunca impediram que *Divinas comédias* permanecessem para sempre desconhecidas.

Dessas considerações sobre o livro e sobre os livros que, a despeito de todos esses impulsos destruidores, sobreviveram, procedem duas ideias em torno das quais essas conversas intermitentes, travadas em Paris na casa de Jean-Claude Carrière e em Monte Cerignone, na casa de Umberto Eco, se organizaram. O que chamamos de cultura é na realidade um longo processo de seleção e filtragem. Coleções inteiras de livros, pinturas, filmes, histórias em quadrinhos, objetos de arte foram assim açambarcadas pela mão do inquisidor, ou desapareceram nas chamas, ou se perderam por simples negligência. Era a melhor parte do imenso legado dos séculos precedentes? Era a pior? Nesse domínio da expressão criadora, recolhemos as pepitas ou a lama? Ainda lemos Eurípides, Sófocles, Ésquilo, que vemos como os três grandes poetas trágicos gregos. Mas quando Aristóteles, na *Poética*, sua obra dedicada à tragédia, cita os nomes de seus mais ilustres representantes, não menciona nenhum desses três nomes. O que perdemos era melhor, mais representativo do teatro grego do que o que conservamos? Quem agora irá nos tirar essa dúvida?

Seria um consolo pensar que em meio aos rolos de papiros desaparecidos no incêndio da biblioteca de Alexandria, e de todas as bibliotecas que se evolaram na fumaça, adormeciam eventuais porcarias, obras-primas do mau gosto e da estupidez? Diante dos tesouros de nulidade que nossas bibliotecas abrigam, saberemos relativizar essas imensas perdas do passado, esses assassinatos voluntários ou não de nossa memória, para nos satisfazer com o que conservamos e que nossas sociedades, equipadas com todas as tecnologias do mundo, ainda procuram colocar em lugar seguro sem o conseguir duradouramente? Seja qual for nossa insistência em fazer o passado falar, nunca poderemos encontrar em nossas bibliotecas, nossos museus ou nossas cinematecas senão as obras que o tempo não fez, ou não pôde fazer, desaparecer. Mais que nunca, compreendemos que a cultura é muito precisamente o que resta quando tudo foi esquecido.

Mas o mais saboroso dessas conversas talvez seja essa homenagem prestada à burrice, que vela, silenciosa, sobre o imenso e obstinado labor da humanidade e nunca pede desculpas por ser eventualmente peremptória. É precisamente nesse ponto que o encontro entre o semiólogo e o roteirista, colecionadores e aficionados de livros, ganha todo o seu sentido. O primeiro reuniu uma coleção de livros raríssimos sobre a grandeza e o erro humano, na medida em que, para ele, eles condicionam toda tentativa de fundar uma teoria da verdade. "O ser humano é uma criatura literalmente extraordinária", explica Umberto Eco. "Descobriu o fogo, construiu cidades, escreveu magníficos poemas, deu interpretações do mundo, inventou imagens mitológicas etc. Porém, ao mesmo tempo, não cessou de guerrear seus semelhantes, de se enganar, de destruir seu meio ambiente etc. O equilíbrio entre a alta virtude intelectual e a baixa idiotice dá um resultado mais ou menos neutro. Logo, decidindo falar da burrice, de certa forma prestamos uma homenagem a essa criatura que é um tanto genial e outro tanto imbecil." Se os livros devem ser o reflexo exato das aspirações e aptidões de uma humanidade em busca de existir mais e melhor, então eles devem necessariamente traduzir esse excesso de honra e essa indignidade. Assim, tampouco esperamos nos livrar desses livros mentirosos, fraudulentos, até mesmo, do nosso infalível ponto de vista, completamente estúpidos. Eles nos seguirão como sombras fiéis até o fim dos nossos tempos e falarão sem mentir do que fomos e, mais que isso, do que somos. Isto é, exploradores apaixonados e obstinados mas, a bem da verdade, sem escrúpulo algum. O erro é humano na medida em que pertence apenas àqueles que procuram e se enganam. Para cada equação resolvida, cada hipótese verificada, cada teste renovado, cada visão partilhada, quantos caminhos que não levam a lugar nenhum? Assim, os livros iluminam o sonho de uma humanidade finalmente desvencilhada de suas fatigantes torpezas, ao mesmo tempo que o deslustram e escurecem.

Roteirista de renome, homem de teatro, ensaísta, Jean-Claude Carrière não demonstra menos simpatia por esse monumento desconhecido e, segundo ele, não muito visitado, que é a burrice, à qual dedicou um livro constantemente reeditado: "Quando realizamos, nos anos 1960, com Guy Bechtel, nosso *Dicionário da burrice*, que teve diversas edições, ruminamos: Por que só dar valor à história da inteligência, das obras-primas, dos grandes monumentos do espírito? A burrice, cara a Flaubert, nos parecia infinitamente mais difundida, o que é óbvio, mas também mais fecunda, mais reveladora e, num certo sentido, mais correta." Ora, essa atenção dada à burrice pusera-o na situação de compreender perfeitamente os esforços de Eco no sentido de reunir os testemunhos mais bombásticos sobre essa ardente e cega paixão pelo equívoco. Provavelmente era possível detectar entre o erro e a burrice uma espécie de parentesco, ou até de secreta cumplicidade, que nada, através dos séculos, parecera em condições de desbaratar. Mas o mais espantoso para nós: existia entre as interrogações do autor do *Dicionário da burrice* e as do autor de *La guerre du faux* [A guerra da fraude] afinidades eletivas e afetivas que essas conversas revelaram amplamente.

Observadores e cronistas ressabiados desses acidentes de percurso, convencidos de que podemos captar alguma coisa da humana aventura tanto por seus brilhos como por suas frustrações, Jean-Claude Carrière e Umberto Eco entregam-se aqui a uma improvisação flamejante em torno da memória, a partir dos fiascos, das lacunas, dos esquecimentos e das perdas irremediáveis que, assim como nossas obras-primas, a constituem. Divertem-se mostrando como o livro, a despeito dos estragos operados pelas filtragens, terminou por atravessar todas as malhas cerradas, para o melhor e às vezes para o pior. Diante do desafio representado pela digitalização universal dos escritos e da adoção das novas ferramentas de leitura eletrônica, essa evocação das venturas e desventuras do livro permite relativizar as mutações anunciadas. Homenagem risonha à galáxia de Gutenberg, essas conversas irão arrebatar todos os leitores e apaixonados pelo objeto livro. Não é impossível que também alimentem a nostalgia dos detentores de e-books.

Jean-Philippe de Tonnac

Abertura

O livro não morrerá

Jean-Claude Carrière: Na última cúpula de Davos, em 2008, a propósito dos fenômenos que irão abalar a humanidade nos próximos 15 anos, um futurólogo consultado propunha deter-se apenas nos quatro principais, que lhe pareciam inexoráveis. O primeiro é um barril de petróleo a 500 dólares. O segundo diz respeito à água, fadada a tornar-se um produto comercial de troca exatamente como o petróleo. Teremos uma cotação da água na Bolsa. A terceira previsão refere-se à África, que se tornará seguramente uma potência econômica nas próximas décadas, o que todos desejamos. O quarto fenômeno, segundo esse profeta profissional, é o desaparecimento do livro.

Portanto, a questão é saber se a evaporação definitiva do livro, se ele de fato vier a desaparecer, pode ter consequências, para a humanidade, análogas às da escassez prevista da água, por exemplo, ou de um petróleo inacessível.

Umberto Eco: O livro irá desaparecer em virtude do surgimento da Internet? Escrevi sobre o assunto na época, isto é, no momento em que a questão parecia pertinente. Agora, sempre que me pedem para eu me pronunciar, não faço senão reescrever o mesmo texto. Ninguém percebe isso, principalmente porque nada mais inédito do que o que foi publicado; e, depois, porque a opinião pública (ou pelo menos os jornalistas) tem sempre essa ideia fixa de que o livro vai desaparecer (ou então são esses jornalistas que acham que seus leitores têm essa ideia fixa) e cada um formula incansavelmente a mesma indagação.

Na realidade, há muito pouca coisa a dizer sobre o assunto. Com a Internet, voltamos à era alfabética. Se um dia acreditamos ter entrado na civilização das imagens, eis que o computador nos reintroduz na galáxia de Gutenberg, e doravante todo mundo vê-se obrigado a ler. Para ler, é preciso um suporte. Esse suporte não pode ser apenas o computador. Passe duas horas lendo um romance em seu computador, e seus olhos viram bolas de tênis. Tenho em casa óculos polaroides que protegem meus olhos contra os danos de uma leitura contínua na tela. A propósito, o computador depende da eletricidade e não pode ser lido numa banheira, tampouco deitado na cama. Logo, o livro se apresenta como uma ferramenta mais flexível.

Das duas, uma: ou o livro permanecerá o suporte da leitura, ou existirá alguma coisa similar ao que o livro nunca deixou de ser, mesmo antes da invenção da tipografia. As variações em torno do objeto livro não modificaram sua função, nem sua sintaxe, em mais de quinhentos anos. O livro é como a colher, o martelo, a roda ou a tesoura. Uma vez inventados, não podem ser aprimorados. Você não pode fazer uma colher melhor que uma colher. Designers tentam melhorar, por exemplo, o saca-rolhas, com sucessos bem modestos, e, por sinal, a maioria nem funciona direito. Philippe Starck tentou inovar do lado dos espremedores de limão, mas o dele (para salvaguardar certa pureza estética) deixa passar os caroços. O livro venceu seus desafios e não vemos como, para o mesmo uso, poderíamos fazer algo melhor que o próprio livro. Talvez ele evolua em seus componentes, talvez as páginas não sejam mais de papel. Mas ele permanecerá o que é.

JCC: Parece que as últimas versões do e-book colocam-no agora em concorrência direta com o livro impresso. O modelo "Reader" já traz 160 títulos.

UE: É óbvio que um magistrado levará mais confortavelmente para sua casa as 25 mil páginas de um processo em curso se elas estiverem na memória de um e-book. Em diversos domínios, o livro eletrônico proporcionará um conforto extraordinário. Continuo simplesmente a me perguntar se, mesmo com a tecnologia mais bem adaptada às exigências da leitura, será viável ler *Guerra e paz* num e-book. Veremos. Em todo caso, não poderemos mais ler os Tolstói e todos os livros impressos na pasta de papel, pura e simplesmente porque eles já começaram a se desfazer em nossas estantes. Os livros da Gallimard e da Vrin dos anos 1950 já desapareceram em grande parte. *A filosofia na Idade Média*, de Gilson, que me foi tão útil na época em que eu preparava minha tese, não posso sequer folheá-lo hoje em dia. As páginas literalmente quebram. Eu poderia comprar uma nova edição, claro, mas é à velha que sou afeiçoado, com todas as minhas anotações em cores diferentes compondo a história das minhas diversas consultas.

Jean-Philippe de Tonnac: *Com o aprimoramento de novos suportes cada vez mais bem adaptados às exigências e ao conforto de uma leitura em qualquer lugar, seja a das enciclopédias ou dos romances on-line, por que não imaginar, apesar de tudo, um lento desinteresse pelo objeto livro sob sua forma tradicional?*

UE: Tudo pode acontecer. Amanhã, os livros podem vir a interessar apenas a um punhado de irredutíveis que irão saciar sua curiosidade nostálgica em museus e bibliotecas.

JCC: Se ainda existirem.

UE: Mas também é possível imaginar que a formidável invenção que é a Internet venha a desaparecer por sua vez, no futuro. Exatamente como os dirigíveis abandonaram nossos céus. Quando o *Hindenburg* pegou fogo em Nova York, pouco antes da guerra, o futuro dos dirigíveis morreu. Mesma coisa com o Concorde: o acidente de Gonesse, em 2000, foi fatal para ele. Inventamos um avião que, em vez de levar oito horas para atravessar o Atlântico, exige apenas três. Quem poderia contestar esse progresso? Mas desistimos dele, após a catástrofe de Gonesse, ponderando que o Concorde custa muito caro. Este é um motivo sério? A bomba atômica também custa muito caro!

JPT: *Cito-lhes esta observação de Hermann Hesse a respeito da possível "relegitimação" do livro que os progressos técnicos, segundo ele, iriam permitir. Ele deve ter dito isso nos anos 1950: "Quanto mais, com o passar do tempo, as necessidades de distração e educação popular puderem ser satisfeitas com invenções novas, mais o livro resgatará sua dignidade e autoridade. Ainda não alcançamos plenamente o ponto em que as jovens invenções concorrentes, como o rádio, o cinema etc., confiscam do livro impresso a parte de suas funções que ele pode justamente perder sem danos."*

JCC: Nesse sentido, ele não se enganou. O cinema e o rádio, a própria televisão, não tiraram nada do livro, nada que lhe tenha causado "danos".

UE: Num certo momento, os homens inventaram a escrita. Podemos considerar a escrita como o prolongamento da mão e, nesse sentido, ela é quase biológica. Ela é a tecnologia da comunicação imediatamente ligada ao corpo. Quando você inventa uma coisa dessas, não pode mais dar para trás. Repito, é como ter inventado a roda. Nossas rodas de hoje são iguais às da pré-história. Ao passo que nossas invenções modernas, cinema, rádio, Internet, não são biológicas.

JCC: Você tem razão em apontar isso: nunca tivemos tanta necessidade de ler e escrever quanto em nossos dias. Não podemos utilizar um computador se não soubermos escrever e ler. E, inclusive, de uma maneira mais complexa do que antigamente, pois integramos novos signos, novas chaves. Nosso alfabeto expandiu-se. É cada vez mais difícil aprender a ler. Empreenderíamos um retorno à oralidade se nossos computadores fossem capazes de transcrever diretamente o que dizemos. Mas isso é outra questão: podemos nos exprimir com clareza sem saber ler nem escrever?

UE: Homero sem dúvida responderia que sim.

JCC: Mas Homero pertence a uma tradição oral. Adquiriu seus conhecimentos por intermédio dessa tradição numa época em que ainda não se havia escrito nada na Grécia. Seria possível imaginar hoje em dia um escritor que ditasse seu romance sem a mediação do escrito e que não conhecesse nada de toda a literatura que o precedeu? Talvez sua obra tivesse o encanto da ingenuidade, da descoberta, do insólito. De toda forma, parece-me que careceria do que denominamos, na falta de termo melhor, cultura. Rimbaud era um rapaz prodigiosamente talentoso, autor de versos inimitáveis. Mas não era o que consideramos um autodidata. Aos 16 anos, sua cultura já era clássica, sólida. Sabia compor versos em latim.

Nada mais efêmero do que os suportes duráveis

JPT: *Interrogamo-nos sobre a perenidade dos livros numa época em que a cultura parece dar preferência a outras ferramentas, talvez de melhor desempenho. Mas o que pensar desses suportes destinados a armazenar duradouramente a informação e nossas memórias pessoais — penso nos disquetes, nos cassetes, nos CD-ROMs — e que já deixamos para trás?*

JCC: Em 1985, o ministro da Cultura, Jack Lang, me pediu para criar e dirigir uma nova escola de cinema e de televisão, a Fémis. Nessa ocasião, reuni alguns excelentes técnicos sob a supervisão de Jack Gajos e presidi os destinos dessa escola durante dez anos, de 1986 a 1996. Durante esses dez anos, naturalmente tive que me manter a par das novidades relativas ao nosso domínio.

Um dos problemas concretos que tínhamos que resolver era, muito simplesmente, mostrar filmes aos estudantes. Quando assistimos a um filme para estudá-lo e analisá-lo, temos que poder interromper a projeção, retroceder, parar, avançar às vezes imagem por imagem. Exploração impossível com uma cópia clássica. Tínhamos então os videocassetes, mas que se deterioravam muito rapidamente. Depois de três ou quatro anos de uso, não serviam mais para os nossos propósitos. Nessa mesma época, foi criada a Videoteca de Paris, que se propunha a conservar todos os documentos fotográficos e filmados sobre a capital. Podíamos optar, para arquivar imagens, entre o cassete eletrônico e o CD, o que chamávamos então de "suportes duráveis". A Videoteca de Paris deu preferência ao cassete eletrônico e investiu nesse sentido. Em outros lugares, testavam-se também *discos flexíveis*, de que seus promotores diziam mil maravilhas. Dois ou três anos mais tarde, surgiu na Califórnia o CD-ROM (Compact Disc Read-Only Memory). Tínhamos finalmente a solução. Um pouco por toda parte sucediam-se demonstrações mirabolantes. Lembro-me do primeiro CD-ROM que vimos: era sobre o Egito. Ficamos embasbacados, entusiasmados. Todo mundo curvava-se àquela inovação, que parecia sanar todas as dificuldades com que nós, profissionais da imagem e do arquivamento, nos deparávamos havia tempo. Ora, as fábricas americanas que fabricavam essas maravilhas estão fechadas já faz sete anos.

Entretanto, nossos telefones celulares e outros iPods são capazes de façanhas cada vez mais intrépidas. Dizem que os japoneses escrevem e distribuem seus romances nesse suporte. A Internet, agora móvel, atravessa o espaço. Prometem-nos também o triunfo individual do VOD (Video On Demand), telas desdobráveis e diversos outros prodígios. Quem sabe?

Pareço estar falando de um período bastante longo, que teria durado séculos. Mas são no máximo vinte anos.

O esquecimento vem depressa. Cada vez mais depressa, talvez. Estas são considerações banais, sem dúvida alguma, mas o banal é uma bagagem necessária. Em todo caso, no início de uma viagem.

UE: Não faz muitos anos, a *Patrologia latina* de Migne (221 volumes!) foi oferecida em CD-ROM ao preço, se bem me lembro, de 50 mil dólares. A esse preço, a *Patrologia* só era acessível às grandes bibliotecas, e não aos pobres pesquisadores (embora os medievalistas tivessem começado a piratear despreocupadamente os disquetes). Agora, com uma simples assinatura, você pode ter acesso à *Patrologia* on-line. Mesma coisa para a *Enciclopédia* de Diderot, anteriormente disponibilizada pelo Robert em CD-ROM. Hoje ela é encontrada on-line por uma ninharia.

JCC: Quando surgiu o DVD, achamos que tínhamos finalmente a solução ideal que resolveria para sempre nossos problemas de armazenamento e de acessibilidade. Até então eu nunca formara uma filmoteca pessoal. Com o DVD, constatei que finalmente dispunha do meu "suporte durável". Nada disso. Agora nos anunciam discos num formato mais reduzido, que exige a aquisição de novos aparelhos de leitura, e que poderão conter, como no caso do e-book, um número considerável de filmes. Os bons e velhos DVDs, portanto, serão jogados às traças, a não ser que conservemos aparelhos velhos que nos permitam projetá-los.

Aliás, esta é uma tendência da nossa época: colecionar o que a tecnologia peleja para descartar. Um amigo meu, cineasta belga, guarda em seu porão 18 computadores, simplesmente para poder consultar trabalhos antigos.

Tudo isso para dizer que não existe nada mais efêmero do que os suportes duráveis. Essas considerações reiteradas, que se tornaram como uma ladainha, sobre a fragilidade dos suportes contemporâneos, levam dois aficionados por incunábulos, o que somos você e eu, a sorrir furtivamente, não é mesmo? Desencavei para você na minha biblioteca este livrinho impresso em latim no fim do século XV, em Paris. Veja. Se abrirmos este incunábulo, podemos ler na última página, impresso em francês: "Ces présentes heures à l'usage de Rome furent achevées le vingt-septième jour de septembre l'an mille quatre cent quatre-vingt-dix-huit pour Jean Poitevin, libraire, demeurant à Paris en la rue Neuve-Notre-Dame." ["Estas presentes horas para uso de Roma foram concluídas no vigésimo sétimo dia de setembro do ano mil quatrocentos e noventa e oito por Jean Poitevin, livreiro, instalado em Paris na rua Neuve-Notre-Dame."] "Usage" está escrito "usaige", o sistema de datação para indicar o ano foi abandonado, mas ainda podemos decifrá-lo com facilidade. Portanto, ainda somos capazes de ler um texto impresso há cinco séculos. Mas somos incapazes de ler, não podemos mais ver, um cassete eletrônico ou um CD-ROM com apenas poucos anos de idade. A menos que guardemos nossos velhos computadores em nossos porões.

JPT: *Convém insistir na rapidez crescente com que esses novos suportes são deixados para trás, condenando-nos a reorganizar todas as nossas logísticas de trabalho e armazenamento, nossos modos de pensamento.*

UE: Aceleração que contribui para a extinção da memória. Este é provavelmente um dos problemas mais espinhosos de nossa civilização. De um lado, inventamos diversos instrumentos para salvaguardar a memória, todas as formas de registros, de possibilidades de transportar o saber — é provavelmente uma vantagem considerável em relação à época em que era necessário recorrer a mnemotécnicas, a técnicas para lembrar, pura e simplesmente porque não era possível ter à sua disposição tudo que convinha saber. Os homens então só podiam confiar em sua memória. Por outro lado, independentemente da natureza perecível desses instrumentos, que de fato constitui problema, também devemos reconhecer que não somos imparciais diante dos objetos culturais que produzimos. Para citar apenas mais um exemplo, os originais das grandes criações dos quadrinhos: são terrivelmente caros porque muito raros (uma página de Alex Raymond está custando uma fortuna). Mas por que são tão raros? Pura e simplesmente porque os jornais que as publicavam, uma vez reproduzidas as pranchas, as jogavam no lixo.

JPT: *Quais eram essas mnemotécnicas em uso antes da invenção dessas memórias artificiais que são nossos livros ou nossos discos rígidos?*

JCC: Alexandre está às vésperas de, mais uma vez, tomar uma decisão de consequências incalculáveis. Contaram-lhe que existe uma mulher que pode prever o futuro de maneira infalível. Ele a manda chamar a fim de que lhe ensine sua arte. Ela lhe diz que é preciso acender uma grande fogueira e ler em sua fumaça, como num livro. Por outro lado, adverte o conquistador: enquanto ele estiver lendo na fumaça, não deverá em hipótese alguma pensar no olho esquerdo de um crocodilo. No olho direito, tudo bem, mas nunca no olho esquerdo.

Alexandre então desistiu de conhecer o futuro. Por quê? Porque, assim que o advertem para não pensar em determinada coisa, você passa a pensar só naquilo. A proibição constitui obrigação. Impossível, inclusive, deixar de pensar nesse olho esquerdo de crocodilo. O olho da fera apoderou-se de sua memória, de sua mente.

Às vezes, lembrar, como no caso de Alexandre, e não ser capaz de esquecer, é um problema, e até mesmo um drama. Há pessoas dotadas dessa faculdade de guardar tudo justamente a partir de regras mnemotécnicas muito simples, denominadas mnemonistas. O neurologista russo Alexandre Luria estudou-as. Peter Brook inspirou-se num livro de Luria para seu espetáculo *Je suis un phénomène*. Se você contar uma coisa a um mnemonista, ele não a esquece. Ele é como uma máquina perfeita, mas louca, registrando tudo, sem discernimento. No caso, isso é um defeito, não uma qualidade.

UE: Todos os procedimentos mnemotécnicos utilizam a imagem de uma cidade ou de um palácio dos quais cada parte ou lugar está associado ao objeto a ser memorizado. A lenda narrada por Cícero no *De oratore* conta que Simônides encontrava-se num jantar na companhia de altos figurões da Grécia. Num certo momento da noite, despediu-se e saiu, imediatamente antes de os comensais morrerem todos sob o desmoronamento do telhado da casa. Simônides é chamado para identificar os corpos. Faz isso recordando-se do lugar que cada um ocupava em torno da mesa.

A arte mnemotécnica, portanto, consiste em associar representações espaciais a objetos ou conceitos de maneira a torná-los solidários uns dos outros. Foi porque associou o olho esquerdo do crocodilo à fumaça que ele deve desvendar que Alexandre, no seu exemplo, não pôde mais agir livremente. Ainda encontramos as artes da memória na Idade Média. Porém, a partir da invenção da impressão gráfica, tudo levava a crer que a prática desses recursos mnemônicos fosse morrer gradativamente. Não obstante, é a época em que se publicam os mais belos livros de mnemotécnica!

JCC: Você falava dos originais das grandes criações dos quadrinhos jogados na lixeira depois da publicação. Foi a mesma coisa com o cinema. Quantos filmes desaparecidos dessa forma! É a partir dos anos 1920 ou 1930 que o cinema torna-se a "sétima arte" na Europa. Em todo caso, a partir dessa época vale a pena preservar obras que doravante pertencem à história da arte. Razão pela qual são criadas as primeiras cinematecas, primeiro na Rússia, depois na França. Porém, do ponto de vista americano, o cinema não é uma arte, sendo ainda hoje um produto reciclável. É preciso constantemente refazer um *Zorro*, um *Nosferatu*, um *Tarzan*, e por conseguinte desfazer-se dos antigos modelos, dos velhos estoques. O antigo, ainda mais se for de qualidade, poderia concorrer com o novo produto. A cinemateca americana foi criada, vejam bem, nos anos 1970! Foi uma longa e dura batalha para arranjar subvenções, para fazer os americanos se interessarem pela história de seu próprio cinema. Da mesma forma, a primeira escola de cinema no mundo foi russa. Nós a devemos a Eisenstein, para quem era indispensável implantar uma escola de cinema do mesmo nível que as melhores escolas de pintura ou arquitetura.

UE: Na Itália, no início do século XX, um grande poeta como Gabriele D'Annunzio já escreve para o cinema. Participa da elaboração do roteiro de *Cabiria*, com Giovanni Pastrone. Nos Estados Unidos, não teria sido levado a sério.

JCC: Isso para não falar na televisão. Conservar arquivos da televisão parecia um absurdo no início. A criação do INA, encarregado de conservar os arquivos audiovisuais, representou uma mudança radical de perspectiva.

UE: Trabalhei na televisão em 1954 e me lembro que era tudo ao vivo e que não se utilizava na época a gravação magnética. Havia uma máquina que eles chamavam de *Transcriber*, antes de descobrirem que essa palavra não existia nas tevês anglo-saxãs. Tratava-se simplesmente de filmar a tela com uma câmera. Mas, como se tratava de um dispositivo fastidioso e caro, era-se obrigado a fazer escolhas. Muitas coisas se perderam dessa forma.

JCC: Posso lhe dar um ótimo exemplo nesse contexto. Foi quase um incunábulo da televisão. Nos anos 1951 ou 1952, Peter Brook filmou um *Rei Lear* para a televisão americana, com Orson Welles no papel principal. Mas esses programas foram distribuídos sem nenhum suporte e nada podia ser conservado. Acontece que o *Rei Lear* de Brook foi filmado. Em outras palavras, nesse caso também, alguém filmou a tela da televisão no momento em que o filme estava programado. Agora é uma obra-prima do Museu da Televisão, em Nova York. Em diversos aspectos, isso me lembra a história do livro.

UE: Até certo ponto. A ideia de colecionar livros é muito antiga. Portanto, não aconteceu com os livros o que aconteceu com os filmes. O culto da página escrita, e mais tarde do livro, é tão antigo quanto a escrita. Os romanos já queriam possuir rolos e colecioná-los. Se perdemos livros, foi por outras razões. Deram sumiço neles por motivos de censura religiosa, ou então porque as bibliotecas tinham propensão a pegar fogo na primeira oportunidade, como as catedrais, pois eram ambas em grande parte construídas com madeira. Uma catedral ou uma biblioteca incendiada na Idade Média é mais ou menos como um filme sobre a guerra no Pacífico que mostra um avião caindo. Era normal. O fato de a biblioteca em *O nome da rosa* terminar em chamas não é de forma alguma um acontecimento extraordinário nesse período.

Mas as razões pelas quais os livros eram queimados eram ao mesmo tempo as que levavam alguém a colocá-los em local seguro e, portanto, a colecioná-los. É o que funda a vida monástica. Foi provavelmente a reiterada vinda dos bárbaros a Roma que estimulou a busca de um local seguro para guardar os livros. E havia algo mais seguro do que um mosteiro? Passou-se então a manter determinados livros fora do alcance das ameaças que rondavam a memória. Porém, ao mesmo tempo, claro, ao se preferir salvar determinados livros e não outros, passou-se a filtrar.

JCC: Ao passo que o culto dos filmes raros mal começa a existir. Encontramos até colecionadores de roteiros. Antigamente, no encerramento de uma filmagem, o roteiro geralmente terminava na cesta de lixo, assim como as pranchas de quadrinhos de que você falava. Entretanto, a partir dos anos 1940, alguns começaram a se perguntar se, terminado o filme, o roteiro ainda assim não conservava certo valor. Pelo menos, comercial.

UE: Agora conhecemos o culto dos roteiros célebres, como o de *Casablanca*.

JCC: Principalmente, claro, quando o roteiro traz indicações manuscritas do diretor. Vi roteiros de Fritz Lang com suas próprias anotações tornarem-se, por uma devoção vizinha do fetichismo, objetos de bibliofilia, e outros que os diletantes mandavam encadernar com capricho. Mas volto um instante à questão que mencionei anteriormente. Como formar uma filmoteca nos dias de hoje, que suporte escolher? Impossível guardar em casa cópias de filmes sobre suporte argêntico. Seria preciso uma cabine de projeção, uma sala especial, locais de armazenamento. Os cassetes magnéticos, como sabemos, perdem as cores, a definição e se apagam rapidamente. Os CD-ROMs chegaram ao fim da linha. Os DVDs não terão vida longa. E, aliás, como dissemos, nem temos certeza de que no futuro disporemos de energia suficiente para fazer funcionar todas as nossas máquinas. Pensemos no blecaute em Nova York, em julho de 2006. Imaginemos que tivesse se estendido e prolongado. Sem eletricidade, está tudo irremediavelmente perdido. Em contrapartida, ainda poderemos ler livros, durante o dia, ou à noite à luz de uma vela, quando toda a herança audiovisual tiver desaparecido. O século XX é o primeiro século a deixar imagens em movimento de si mesmo, de sua própria história, e sons gravados — mas em suportes ainda mal consolidados. Estranho: não temos nenhum som do passado. Dá para imaginar que possivelmente o canto dos pássaros era o mesmo, a correnteza dos riachos...

UE: Mas não as vozes humanas. Descobrimos nos museus que as camas de nossos ancestrais eram de pequenas dimensões: logo, as pessoas eram menores. O que implica, necessariamente, outro timbre de voz. Quando escuto um velho disco de Caruso, pergunto-me sempre se a diferença entre sua voz e a dos grandes tenores contemporâneos deve-se apenas à qualidade técnica da gravação e do suporte, ou ao fato de que as vozes humanas do início do século XX eram diferentes das nossas. Entre a voz de Caruso e a de Pavarotti, há décadas de proteínas e de evolução da medicina. No início do século XX, os imigrantes italianos nos Estados Unidos mediam, digamos, um metro e sessenta, ao passo que seus netos já alcançavam um metro e oitenta.

JCC: Uma vez, na época em que eu dirigia a Fémis, pedi aos estudantes de som, como exercício, que reconstituíssem alguns ruídos, alguns ambientes sonoros do passado. A partir de uma sátira de Boileau ("Les Embarras de Paris"), eu propunha aos estudantes que estabelecessem sua trilha sonora. Esclarecendo que os calçamentos eram de madeira, as rodas das carroças de ferro, as casas mais baixas etc.

O poema começa assim: "Quem fustiga o ar, santo Deus, com esses gritos lúgubres?" O que é um "grito lúgubre" no século XVII, em Paris, à noite? Essa experiência, mergulhar no passado através dos sons, é fascinante, embora difícil. Como verificar?

Em todo caso, se a memória visual e sonora do século XX se apaga durante um blecaute, ou de outra maneira qualquer, sempre nos restará o livro. Sempre daremos um jeito de ensinar uma criança a ler. Essa ideia da cultura ameaçada, da memória em perigo, é antiga, sabemos disso. Provavelmente tão antiga quanto a própria coisa escrita. Vou lhes dar outro exemplo, tirado da história do Irã. Sabemos que um dos núcleos da cultura persa foi o que é hoje o Afeganistão. Ora, quando se delineia a ameaça mongol a partir dos séculos XI e XII — e os mongóis destruíam tudo à sua passagem —, os intelectuais e artistas de Balkh, por exemplo, entre os quais o pai do futuro Rumi, deixam o lugar carregando seus manuscritos mais valiosos. Partem para o oeste, para a Turquia. Rumi viverá até sua morte, como muitos exilados iranianos, em Konya, na Anatólia. Uma anedota mostra um desses fugitivos reduzido, a caminho do exílio, à mais extrema miséria e usando como travesseiro livros preciosos que trouxera consigo. Livros que devem valer hoje uma pequena fortuna. Vi em Teerã, na casa de um alfarrabista, uma coleção de antigos manuscritos ilustrados. Uma maravilha. Logo, a mesma questão colocou-se para todas as grandes civilizações: o que fazer com uma cultura ameaçada? Como salvá-la? E o que salvar?

UE: E, quando a salvaguarda acontece, quando temos tempo de colocar os emblemas da cultura em local seguro, é mais fácil salvar o manuscrito, o códice, o incunábulo, o livro, do que a escultura ou a pintura.

JCC: Em todo caso, subsiste o enigma: todos os *volumina*, os rolos da Antiguidade romana, desapareceram. Os patrícios romanos, entretanto, tinham bibliotecas com milhares de obras. Podemos consultar algumas na

Biblioteca Vaticana, mas a maior parte delas não sobreviveu. O fragmento de manuscrito mais antigo de um Evangelho preservado já data do século IV. Na Vaticana, lembro-me de ter admirado um manuscrito das *Geórgicas* de Virgílio datado do século IV ou V. Esplêndido. A metade superior de cada página era uma iluminura. Mas nunca vi um *volumen* completo em minha vida. Os escritos mais antigos, no caso os manuscritos do mar Morto, vi-os em Jerusalém, num museu. Tinham se conservado graças a condições climáticas muito especiais. Da mesma forma, os papiros egípcios, que estão, creio, entre os mais antigos de todos.

JPT: *Você cita como suporte desses escritos o papiro, talvez o papel. Provavelmente devemos considerar também aqui suportes mais antigos, que de uma maneira ou outra pertencem à história do livro...*

JCC: Naturalmente, os suportes do escrito são múltiplos, estelas, tabuinhas, tecidos. Há escrito e escrito. Porém, mais do que o suporte, interessa-nos a mensagem que esses fragmentos nos transmitiram, escapada de um passado apenas conjecturável. Eu gostaria — pois recebi-a esta manhã — de lhes mostrar uma imagem que descobri num catálogo de um leilão. Trata-se de uma pegada de Buda. Imaginemos então as coisas. Imaginemos Buda caminhando. Avançando rumo à lenda. Um dos sinais físicos que o caracterizam é que ele carrega inscrições na sola dos pés. Inscrições essenciais, desnecessário dizer. Quando ele anda, imprime essa marca no solo, como se cada um de seus pés fosse uma gravura.

UE: São as marcas do teatro chinês sobre o Hollywood Boulevard, *avant la lettre*!

JCC: Se preferir. Ele ensina ao caminhar. Basta ler seus rastros. E essa marca, evidentemente, não é uma marca qualquer. Ela resume por si só todo o budismo, em outras palavras, os 108 preceitos que representam todos os mundos animados e inanimados, e que a inteligência de Buda domina. Mas vemos nisso igualmente todos os tipos de estupas, pequenos templos, rodas da Lei, animais, bem como árvores, água, luz, *nagas*, oferendas, tudo isso contido numa única marca do tamanho da sola do pé de Buda. É a tipografia antes da tipografia. Uma impressão emblemática.

JPT: *Marcas que representam mensagens que os discípulos tentarão decifrar. Como não ligar a questão das origens da história do escrito à da constituição de nossos textos sagrados? Entretanto, é a partir desses documentos constituídos segundo lógicas que nos escapam que irão erigir-se os grandes monumentos da fé. Mas em que bases, exatamente? Que valor atribuir a essas pegadas ou aos nossos "quatro" Evangelhos, por exemplo? Por que quatro? Por que esses?*

JCC: Por que quatro, com efeito, quando existia um número bem grande deles? E mais: muito depois que esses quatro Evangelhos foram escolhidos, por homens de Igreja, reunidos em concílio, continuou-se a descobrir outros. Foi só no século XX que foi descoberto o Evangelho dito segundo são Tomé, que é mais antigo que os de Marcos, Lucas, Mateus e João, e que só contém palavras de Jesus.

A maioria dos especialistas hoje concorda que existiu inclusive um Evangelho original conhecido como Q *Gospel* — isto é, o Evangelho fonte, a partir da palavra alemã "*Quelle*" —, que é possível reconstituir a partir dos Evangelhos segundo Lucas, Mateus e João, que sem exceção fazem referência às mesmas fontes. Esse Evangelho original sumiu do mapa. Entretanto, pressentindo sua existência, os especialistas trabalharam para reconstituí-lo. Logo, o que é um texto sagrado? Um nimbo, um quebra-cabeça? No caso do budismo, as coisas são um pouco diferentes. Tampouco Buda escreveu alguma coisa. Porém, ao contrário de Jesus, falou durante muito mais tempo. Admite-se que Jesus dedicou no máximo dois ou três anos à sua atividade de pregação. Buda, mesmo sem escrever, ensinou pelo menos durante 35 anos. Um discípulo muito próximo, Ananda, no dia seguinte à sua morte, começou a transcrever suas palavras, assessorado pelo grupo que o seguira. O *Sermão de Benares*, primeiras palavras de Buda, texto que contém as famosas "Quatro Nobres Verdades", sabidas de cor e minuciosamente transcritas, e que constitui o ensino básico de todas as escolas budistas, representa um caderno. E esse simples caderno, na sequência, a partir das transcrições de Ananda, engendrou milhões de livros.

JPT: *Um caderno conservado. Talvez porque todos os outros tenham desaparecido. Como saber? É a fé que confere um valor especial a esse texto. Mas quem sabe o verdadeiro ensino de Buda tenha sido registrado em pegadas ou documentos hoje apagados ou desaparecidos?*

JCC: Talvez fosse interessante nos colocarmos numa situação dramática clássica: o mundo está ameaçado e devemos salvar determinados objetos de cultura para colocá-los em local seguro. A civilização está ameaçada, por exemplo, por uma gigantesca catástrofe climática. Temos que ser rápidos. Não podemos proteger tudo, carregar tudo. O que escolheremos? Que suporte?

UE: Vimos que os suportes modernos tornam-se rapidamente obsoletos. Por que correr o risco de nos atulharmos com objetos que correriam o risco de permanecer mudos, ilegíveis? Temos a prova científica da superioridade dos livros sobre qualquer outro objeto que nossas indústrias culturais puseram no mercado nesses últimos anos. Logo, se devo salvar alguma coisa que seja facilmente transportável e que deu provas de sua capacidade de resistir às vicissitudes do tempo, escolho o livro.

JCC: Estamos a comparar nossas técnicas modernas, mais ou menos adaptadas às nossas vidas de pessoas apressadas, ao que foram o livro e seus modos de fabricação e circulação. Dou-lhes um exemplo da maneira como o livro também pode seguir de perto o movimento da História, curvar-se a seu ritmo. Para escrever *As noites de Paris*, Restif de la Bretonne caminha pela capital e simplesmente descreve o que vê. Terá ele sido realmente testemunha disso? Os comentadores não dão certeza. Restif era conhecido por ser um homem que divagava, que gostava de imaginar como real o mundo criado por ele. Por exemplo, sempre que conta uma trepada com uma puta, descobre que ela é uma de suas filhas.

Os dois últimos volumes das *Noites de Paris* foram escritos durante a Revolução. Restif não apenas redige o relato de sua noite, como o compõe e imprime de manhã, numa gráfica, num subsolo. E como não consegue arranjar papel durante essa época tumultuada, recolhe pelas ruas, durante seus passeios, cartazes e panfletos que manda ferver, obtendo assim uma pasta de péssima qualidade. O papel desses dois últimos volumes não é em absoluto o dos primeiros. Outra característica de seu trabalho, ele imprime abreviadamente, pois não dispõe de tempo. Ele põe "Rev.", por exemplo, para "Revolução". É espantoso. O próprio livro manifesta a pressa de um homem que quer a todo custo cobrir o acontecimento, ir tão rápido quanto a História. E se os fatos narrados não são verdadeiros, então Restif é um mentiroso de primeira. Por exemplo, ele viu um personagem a quem apelida de o "bolinador". Esse homem passeava discretamente em meio à multidão em torno do cadafalso e, sempre que uma cabeça caía, passava a mão nas nádegas de uma mulher.

Foi Restif quem falou dos travestis, então designados como "afeminados", durante a Revolução. Lembro-me também de uma cena com a qual sonhamos muito, eu e Milos Forman. Um condenado é levado ao cadafalso numa carroça, junto com outros. Está com seu cãozinho, que o seguiu. Antes de subir para o suplício, volta-se para a multidão para saber se alguém quer adotá-lo. O animal é muito afetuoso, esclarece. E a multidão responde-lhe com palavrões. Os guardas impacientam-se e arrancam o cachorro das mãos do condenado, que é imediatamente guilhotinado. O cão, ganindo, vai lamber o sangue do seu dono, na cesta. Irritados, os guardas terminam por matar o cão a golpes de baioneta. Então a multidão investe contra os guardas. "Assassinos! Não têm vergonha? Que mal lhes fez esse cãozinho?"

Me perdi um pouco, mas o desafio de Restif — um livro-reportagem, um livro "ao vivo" — me parece único. Voltemos à pergunta: Que livros tentaríamos salvar em caso de tragédia? O fogo declara-se em sua casa, você sabe as obras que tentaria proteger em primeiro lugar?

UE: Depois de falar tão bem dos livros, peço licença para responder que eu arrancaria meu disco rígido externo de 250 gigabytes, contendo todos os meus escritos dos últimos trinta anos. Depois disso, se ainda tivesse a possibilidade, tentaria salvar, naturalmente, um de meus livros antigos, não necessariamente o mais caro, mas o que aprecio mais. Só que: como escolher? Sou amigo de um grande número deles. Espero não ter tempo para refletir muito. Digamos que talvez eu pegasse o *Peregrinatio in Terram Sanctam*, de Bernhard von Breydenbach, Speir, Drach, 1490, sublime por suas gravuras em diversos cadernos desdobráveis.

JCC: Quanto a mim, pegaria provavelmente um manuscrito de Alfred Jarry, um de André Breton, um livro de Lewis Carroll que contém uma carta dele. Octavio Paz viveu uma situação triste. Sua biblioteca pegou fogo. Uma tragédia! E vocês podem imaginar o que é a biblioteca de Octavio Paz! Abastecida com todas as obras que os surrealistas do mundo inteiro lhe haviam dedicado. Foi a grande dor dos seus últimos anos.

Se me fizessem a mesma pergunta a respeito dos filmes, eu ficaria ainda mais embatucado para responder. Por quê? Simplesmente porque, mais uma vez, muitos filmes desapareceram. Há inclusive filmes em que trabalhei que estão irremediavelmente inutilizados. Uma vez perdido o negativo, o filme não existe mais. E ainda que o negativo exista em algum lugar, em geral é uma complicação para encontrá-lo, e custa caro fazer uma cópia.

Parece-me que o universo da imagem, e do filme em particular, ilustra perfeitamente a questão da aceleração exponencial das técnicas. Nascemos, você e eu, no século que, pela primeira vez na História, inventou novas linguagens. Se nossas conversas se desenrolassem 120 anos atrás, não poderíamos evocar senão o teatro e o livro. O rádio, o cinema, o registro da voz e dos sons, a televisão, as imagens de síntese, o quadrinho não existiriam. Ora, sempre que surge uma nova técnica, ela quer demonstrar que revogará as regras e coerções que presidiram o nascimento de todas as outras invenções do passado. Ela se pretende orgulhosa e única. Como se a nova técnica carreasse com ela, automaticamente, para seus novos usuários, uma propensão natural a fazer economia de qualquer aprendizagem. Como se ela propiciasse por si mesma um novo talento. Como se preparasse para varrer tudo que a precedeu, ao mesmo tempo transformando em analfabetos retardados todos os que ousassem repeli-la.

Fui testemunha dessa mudança ao longo de toda a minha vida. Ao passo que na realidade, é o contrário que acontece. Cada nova técnica exige uma longa iniciação numa nova linguagem, ainda mais longa na medida em que nosso espírito é formatado pela utilização das linguagens que precederam o nascimento dessa recém-chegada. A partir dos anos 1903-1905, forma-se uma nova linguagem do cinema, que convém absolutamente conhecer. Muitos romancistas acham que podem passar da escrita de um romance para a de um roteiro. Estão enganados. Não veem que esses dois objetos escritos — um romance e um roteiro — utilizam na realidade duas escritas diferentes.

A técnica não é de forma alguma uma facilidade. É uma exigência. Nada mais complicado que fazer uma peça de teatro para o rádio.

As galinhas levaram um século para aprender a não atravessar a rua

JPT: *Voltemos às transformações técnicas que deveriam nos levar ou não a nos desviar dos livros. Provavelmente os instrumentos da cultura são hoje mais frágeis e menos duráveis que os nossos incunábulos, que resistem maravilhosamente ao tempo. Entretanto, essas novas ferramentas, queiramos ou não, convulsionam nossos modos de pensar e nos afastam daqueles que o livro induziu.*

UE: A velocidade com que a tecnologia se renova impõe-nos um ritmo insustentável de reorganização contínua de nossos hábitos mentais, é verdade. A cada dois anos, seria preciso mudar de computador, uma vez que é precisamente dessa forma que são concebidos esses aparelhos: para se tornarem obsoletos após um certo prazo, consertá-los custando mais caro que substituí-los. A cada ano seria preciso mudar de carro porque o novo modelo apresenta vantagens em termos de segurança, de acessórios eletrônicos etc. E cada nova tecnologia implica a aquisição de um novo sistema de reflexos, o qual nos exige novos esforços, e isso num prazo cada vez mais curto. Foi preciso quase um século para as galinhas aprenderem a não atravessar a rua. A espécie terminou por se adaptar às novas condições de circulação. Mas não dispomos desse tempo.

JCC: Podemos realmente nos adaptar a um ritmo que vai se acelerando de uma maneira que nada justifica? Tomemos o exemplo da montagem das imagens no cinema. Chegamos a um ritmo tão rápido, com os videoclipes, que não podemos ir mais rápido. Além do mais, não veríamos mais nada. Tomo esse exemplo para mostrar de que maneira uma técnica engendrou sua própria linguagem e como a linguagem, em contrapartida, compeliu a técnica a evoluir, e dessa maneira mais apressada, mais precipitada. Nos filmes de ação americanos que vemos hoje, nenhum plano deve durar mais de três segundos. Isso se tornou uma espécie de regra. Um homem volta para casa, abre a porta, pendura seu casaco, sobe ao primeiro andar. Não acontece nada, nenhum perigo o ameaça, e a sequência é decupada em 18 planos. Como se a técnica carregasse a ação, como se a ação estivesse na própria câmera e não no que ela nos mostra.

No início, o cinema é uma simples técnica. Instala-se uma câmera fixa e filma-se uma cena de teatro. Atores entram, fazem o que têm de fazer e saem. Não muito tempo depois, damo-nos conta de que, instalando uma câmera num trem em movimento, as imagens desfilam na câmera, depois na tela. A câmera pode possuir, elaborar e restaurar um movimento. Ela então começou a se mexer, prudentemente no início, nos estúdios, depois foi se tornando um personagem. Ela se voltou para a direita, depois para a esquerda. Em seguida, foi preciso colar as duas imagens assim obtidas. Era o início de uma nova linguagem, por intermédio da montagem. Buñuel, nascido em 1900, logo junto com o cinema, me contava que, quando ia ver um filme em 1907 ou 1908 em Saragoça, havia um "*explicador*", equipado com uma varinha comprida, encarregado de explicar o que se passava na tela. A nova linguagem ainda não era compreensível. Não estava assimilada. Mais tarde nos habituamos a ela, mas ainda hoje os grandes cineastas não cessam de refiná-la, aprimorá-la e até mesmo — felizmente — pervertê-la. Assim como na literatura, conhecemos no cinema uma "linguagem nobre", até mesmo grandiloquente e enfática, uma linguagem corriqueira, banal e inclusive uma gíria. Sabemos também, como Proust dizia dos grandes escritores, que todo grande cineasta inventa, pelo menos em parte, sua própria linguagem.

UE: Numa entrevista, o político italiano Amintore Fanfani, nascido no início do século passado e portanto numa época em que o cinema ainda não era realmente popular, explicava que não ia muito ao cinema porque pura e simplesmente não compreendia que o personagem que ele via em contracampo era o mesmo que ele vira de frente no instante precedente.

JCC: De fato, era preciso tomar precauções consideráveis para não confundir o espectador, que penetrava num novo território de expressão. Em todo o teatro clássico, a ação tem sempre a mesma duração do que estamos vendo. Não existe corte no meio de uma cena de Shakespeare ou de Racine. No palco e na plateia, o tempo é o mesmo. Godard foi um dos primeiros, acho, em *Acossado*, a filmar uma cena num quarto com dois personagens e manter apenas, na montagem, momentos, fragmentos dessa longa cena.

UE: Parece-me que o quadrinho já pensara há muito tempo essa construção artificial do tempo da narração. Mas, no que me diz respeito, eu, que sou um aficionado e um colecionador de quadrinhos dos anos 1930, sou incapaz de ler os álbuns mais recentes, digamos os mais vanguardistas. Ao mesmo tempo, não é preciso dar as costas para eles. Brinquei com meu neto, que aos 7 anos iniciava-se num desses jogos eletrônicos que ele tanto ama, e sofri uma derrota acachapante pelo placar de 10 a 280. Não obstante, sou um velho jogador de fliperama e frequentemente, quando tenho um tempinho, brinco no meu computador de matar monstros vindos do espaço, em tudo que é tipo de guerra galáctica, obtendo inclusive certo sucesso. Mas, nesse caso, tive que me curvar. Por outro lado, até meu neto, por mais talentoso que seja, talvez não consiga mais, aos 20 anos, compreender a nova tecnologia de seu tempo. Há, dessa forma, domínios do conhecimento em que é impossível pretender manter-se durante muito tempo a par das novas evoluções. Você não pode ser um pesquisador excepcional em física nuclear além dos esforços que você deve ter empenhado, anos a fio, para observar todos os dados e manter-se informado. Depois, você se torna professor ou entra nos negócios. Você é um gênio aos 22 anos porque você compreendeu tudo. Mas, aos 25 anos, você tem que passar o bastão. Mesma coisa para o jogador de futebol. Depois de certa idade, você vira treinador.

JCC: Fui visitar Lévi-Strauss, por sugestão de Odile Jacob, que queria que fizéssemos um livro de conversas juntos.

Mas ele recusou muito educadamente, me dizendo: "Não quero repetir o que disse melhor anteriormente." Grande lucidez. Mesmo em antropologia, chega uma hora em que os jogos, os seus jogos, nossos jogos, estão feitos. Lévi-Strauss, que apesar de tudo comemorou seus 100 anos!

UE: Sou incapaz de ensinar atualmente, pelas mesmas razões. Nossa insolente longevidade não deve nos mascarar o fato de que o mundo dos conhecimentos está em revolução permanente e de que não fomos capazes de captar plenamente alguma coisa senão no lapso de um tempo necessariamente limitado.

JCC: Como explicar agora essa faculdade de adaptação do seu neto, capaz, aos 7 anos, de dominar essas novas linguagens que permanecem, a despeito de todos os nossos esforços, estrangeiras para nós?

UE: É uma criança parecida com as demais crianças de sua idade, que desde os 2 anos viu-se diariamente exposta a todo tipo de estímulos que não conhecíamos em minha geração. Quando levei meu primeiro computador para casa, em 1983, meu filho tinha exatamente 20 anos. Mostrei-lhe minha nova aquisição, propondo-lhe explicar seu funcionamento. Ele me respondeu que não estava interessado. Instalei-me então num canto para me lançar na exploração do meu novo brinquedo e encontrei, naturalmente, todo tipo de dificuldade (lembrem-se que na época escrevíamos em DOS, com linguagens de programação como Basic ou Pascal, não dispúnhamos do Windows, que mudou nossa vida). Meu filho, vendo-me atrapalhado um dia, aproximou-se do meu computador e me disse: "Você deveria fazer assim." O computador funcionou. Resolvi em parte esse mistério imaginando que, quando eu estava ausente, ele o utilizava à vontade. Mas subsistia a questão de saber como, se ambos tivéramos acesso à máquina, ele fizera para aprender mais rápido do que eu. Já pegara a sarna informática. Ao passo que eu e você tínhamos assimilado determinados gestos como girar a chave para ligar o carro, desligar o interruptor. No caso, tratava-se de clicar, simplesmente apertar. Meu filho estava muito à frente.

JCC: Girar ou clicar. A observação é prenhe de ensinamentos. Se penso no nosso uso do livro, nosso olho vai da esquerda para a direita e de cima para baixo. No caso da escrita árabe e persa, do hebraico, é o contrário. O olho vai da direita para a esquerda. Perguntei-me se esses dois movimentos não tinham influenciado os movimentos de câmera no cinema. A maioria dos travellings, no cinema ocidental, vai da esquerda para a direita, ao passo que verifiquei muitas vezes o contrário no cinema iraniano, para citar apenas este. Por que não imaginar que hábitos de leitura possam condicionar nossos modos de visão? Os movimentos instintivos de nossos olhos?

UE: Então seria preciso certificar-se de que um agricultor ocidental começa a cultivar sua plantação indo da esquerda para a direita para voltar da direita para a esquerda, e um agricultor egípcio ou iraniano da direita para a esquerda para voltar da esquerda para a direita. Porque o traçado do arado corresponde exatamente à escrita em bustrofédon. Com a ressalva de que, num caso, começaríamos pela direita e no outro, pela esquerda. Esta é uma questão muito importante que, a meu ver, não foi suficientemente estudada. Os nazistas teriam podido imediatamente identificar um camponês judeu. Mas voltemos ao que interessa. Falamos da mudança e de sua aceleração. Mas dissemos também que existiam novidades técnicas que não mudavam, isto é, o livro. Poderíamos acrescentar a bicicleta ou os óculos. Para não falar da escrita alfabética. Uma vez alcançada a perfeição, impossível ir mais longe.

JCC: Volto, se me permite, ao cinema e a essa espantosa fidelidade a si mesmo. Você diz que, com a Internet, voltamos à era alfabética? Eu diria que o cinema é sempre um retângulo projetado sobre uma superfície plana, e isto há mais de cem anos. Ele é uma lanterna mágica aperfeiçoada. A linguagem evoluiu, mas a forma continua a mesma. As salas de cinema equipam-se cada vez mais para acolher o cinema em relevo, e também a "visão global". Esperemos que não se trate de meros procedimentos sensacionalistas...

Será que poderemos um dia, para falar apenas da forma, ir mais longe? Será que o cinema é jovem ou velho? Não tenho resposta. Sei que a literatura é velha. É o que me dizem. Mas, no fundo, talvez não seja assim tão velha... Talvez devêssemos evitar bancar aqui os Nostradamus, sob pena de nos vermos desmentidos daqui a pouco.

UE: A propósito de previsões desmentidas, recebi uma grande lição na minha vida. Eu trabalhava na época, falo dos anos 1960, numa editora. Chegou então às nossas mãos o livro de um sociólogo americano que apresentava uma análise muito interessante das novas gerações e anunciava o surgimento de uma nova geração de colarinho-branco e cabelos *crew cut*, ao estilo militar, completamente alheia à política etc. Decidimos mandar traduzi-lo, mas a tradução era ruim e dediquei mais de seis meses a revisá-lo. Porém, durante esses seis meses, passáramos do início do ano de 67 para as revoltas de Berkeley e para as de maio de 68, e as análises do sociólogo nos pareciam singularmente caducas. Então peguei o manuscrito e joguei no lixo.

JCC: Falamos de suportes duráveis zombando de nós mesmos, de nossas sociedades que não sabem como armazenar nossa memória de modo duradouro. Mas creio que precisaríamos igualmente de profetas duráveis. Por que teria razão aquele futurólogo de Davos, que, cego e surdo à crise financeira que se aproximava, anunciava um barril a 500 dólares? De onde vem o seu sexto sentido? Ele tem diploma de profeta? O barril subiu para 150 dólares, depois o vimos descer de novo abaixo de 50, sem nenhuma explicação racional. Talvez suba de novo, ou desça mais ainda. Não fazemos a mínima ideia. O futuro não é uma profissão...

A característica dos profetas, verdadeiros e falsos, é sempre enganar-se. Não sei mais quem dizia: "Se o futuro é o futuro, é sempre inesperado." A grande qualidade do futuro é ser perpetuamente surpreendente. Sempre me impressionou o fato de que, na grande literatura de ficção científica que vai do início do século XX ao fim dos anos 1950, nenhum autor tenha imaginado a matéria plástica, que assumiu lugar tão importante em nossas vidas. Projetamo-nos sempre na ficção, ou no futuro, a partir daquilo que conhecemos. Mas o futuro não procede do conhecido. Haveria mil exemplos a citar. Quando, nos anos

1960, ia trabalhar num roteiro no México, com Buñuel, num lugar sempre muito remoto, eu levava uma pequena máquina de escrever portátil com uma fita preta e vermelha. Se por azar a fita se rasgasse, eu não tinha nenhuma possibilidade de encontrar uma sobressalente em Zitacuaro, a cidade vizinha. Imagino o conforto que teria representado um computador para nós! Mas na época estávamos longe de vislumbrá-lo.

JPT: *A homenagem aqui prestada ao livro procura simplesmente mostrar que as tecnologias contemporâneas estão longe de havê-lo desqualificado. Aliás, talvez devamos relativizar, em certos casos, os progressos que essas tecnologias supostamente representam. Penso sobretudo no exemplo que você dá, Jean-Claude, de um Restif de La Bretonne imprimindo de manhãzinha o que presenciara durante a noite.*

JCC: É uma proeza inegável. O grande colecionador brasileiro José Mindlin me mostrou uma edição dos *Miseráveis* publicada e impressa no Rio, em português, em 1862, isto é, no mesmo ano da publicação do livro na França. Apenas dois meses depois de Paris! Enquanto Victor Hugo escrevia, Hetzel, seu editor, despachava o livro, capítulo após capítulo, aos editores estrangeiros. Em outras palavras, a distribuição da obra era mais ou menos a desses best sellers atualmente disponíveis em diversos países e diversas línguas simultaneamente. Às vezes é útil relativizar nossas pretensas proezas técnicas. No caso de Victor Hugo, as coisas andavam mais rápido do que nos dias de hoje.

UE: No mesmo espírito, Alessandro Manzoni publicou *Os noivos* em 1827 e fez um grande sucesso graças a umas trinta edições piratas no mundo inteiro, que não lhe renderam um tostão. Ele quis fazer uma edição ilustrada com o editor Redaelli de Milão e o gravador Gonin de Turim e controlar sua publicação, fascículo após fascículo. Um editor napolitano pirateou-a semana após semana e ele perdeu todo o seu dinheiro no negócio. Isso é outra ilustração da relatividade de nossas proezas técnicas. Mas haveria muitos outros exemplos. No século XVI, Robert Fludd publicava três ou quatro livros por ano. Ele morava na Inglaterra. Os livros eram publicados em Amsterdã. Ele recebia as provas, corrigia-as, diagramava as gravuras, mandava tudo de volta... mas como ele fazia? São livros ilustrados de seiscentas páginas! Os correios deviam ser melhores que os nossos! Galileu mantinha uma correspondência com Kepler e todos os cientistas de sua época. Era imediatamente informado de uma descoberta.

Entretanto, talvez pudéssemos amenizar um pouco essa comparação que parece dar vantagem aos tempos antigos. Mandei traduzir nos anos 1960 (na função de editor) o livro de Derek de Solla Price, *Little Science, Big Science*. Nele, o autor demonstrava, com a ajuda de estatísticas, que o número de publicações científicas no século XVII era tão copioso que um bom cientista podia manter-se inteirado de tudo que acontecia, ao passo que hoje é impossível, para esse mesmo cientista, sequer tomar conhecimento dos "abstracts" referentes aos artigos publicados em seu domínio de pesquisa. Talvez ele não disponha mais, mesmo com os meios de comunicação mais ágeis, do tempo que tinha um cientista como Robert Fludd para levar a cabo tantos projetos editoriais...

JCC: Pegue nossos pen-drives e outros métodos para armazenar informação e carregá-la conosco. Nesse caso também, não inventamos nada. No fim do século XVIII, os aristocratas carregavam consigo, em maletas, bibliotecas de viagem durante seus deslocamentos. Em trinta ou quarenta volumes, formato de bolso, eles não se separavam de tudo que uma pessoa honesta devia conhecer. Essas bibliotecas, naturalmente, não eram avaliadas em gigas, mas o princípio estava implícito. Isso me lembra outra forma de "condensados", esta mais problemática. Nos anos 1970, eu morava em Nova York num apartamento colocado à minha disposição por um produtor de cinema. Não havia livros nesse apartamento, exceto uma estante contendo "as obras-primas da literatura mundial *in digest form*". Eis uma coisa, propriamente falando, irreal: *Guerra e paz* em cinquenta páginas, Balzac em um volume. Eu ficava boquiaberto. Estava tudo ali, mas incompleto, mutilado. Que trabalho gigantesco para tamanho absurdo!

UE: Há resumos e resumos. Nos anos 1930-1940, a Itália foi palco de uma experiência extraordinária chamada "La Scala d'Oro". Tratava-se de uma série de livros divididos por faixa etária. Havia a série de 7 a 8 anos, a de 8 a 9 anos, e assim por diante até os 14 anos, tudo magnificamente ilustrado pelos melhores artistas da época. Todas as grandes obras-primas da literatura tinham ali o seu lugar. Para poder torná-lo acessível ao público alvo, cada livro havia sido escrito por um bom escritor infantojuvenil. Naturalmente, eles eram um pouco *ad usum delphini*. Por exemplo, Javert não se suicidava, apenas pedia demissão. Devo dizer que, mais velho, quando li *Os mise-*

ráveis na versão original, foi que finalmente fiquei sabendo toda a verdade sobre Javert. Mas devo reconhecer que o essencial me havia sido transmitido.

JCC: Única diferença: essa biblioteca resumida, no apartamento do produtor, destinava-se a adultos. E inclusive, como desconfiei, talvez estivesse ali mais para ser mostrada, para ser vista, do que para ser lida. Dito isto, mutilações houve em todos os tempos. No século XVIII, as primeiras peças de Shakespeare traduzidas para o francês pelo abade Delille terminam todas bem, de maneira apropriada e moral, como os seus *Miseráveis* da coleção "La Scala d'Oro". Hamlet, por exemplo, não morre. Afora Voltaire, que havia traduzido, muito bem por sinal, algumas pequenas passagens, era a primeira vez que o público francês podia ler Shakespeare, nessa versão água com açúcar. Aquele autor, que diziam bárbaro e sanguinolento, não passava de delicadeza e sentimento.

Sabe como Voltaire traduziu *"To be or not to be, that is the question"*? *"Arrête, il faut choisir et passer à l'instant/ De la vie à la mort ou de l'être au néant"* [Pare, é preciso escolher e passar agora/ Da vida para a morte, do ser para o nada]. Nada mal, no fundo. É possível que o título de Sartre, *O ser e o nada*, tenha sido inspirado nessa tradução de Voltaire.

JPT: *Você mencionava, Jean-Claude, os primeiros pendrives que foram as bibliotecas de viagem que os letrados já transportavam consigo no século XVIII. Você acha que a maioria de nossas invenções é a realização de sonhos antigos da humanidade?*

UE: O sonho de voar assombra o imaginário coletivo desde tempos imemoriais.

JCC: De fato, penso que inúmeras invenções da nossa época são a concretização de sonhos antiquíssimos. Eu dizia isso aos meus amigos cientistas Jean Audouze e Michel Cassé, quando trabalhávamos juntos em nossas *Conversas sobre o invisível*. Um exemplo: recentemente, voltei a mergulhar no famoso livro VI da *Eneida*, quando Enéas desce aos Infernos para lá encontrar aquelas sombras que, para os romanos, eram ao mesmo tempo as almas dos que já tinham vivido, mas também as almas dos que viveriam um dia. O tempo é aqui abolido. O reino das sombras de Virgílio prefigura um espaço-tempo einsteiniano. Enquanto relia algumas páginas dessa viagem, eu ruminava que Virgílio já descera ao mundo virtual, nas entranhas de um imenso computador, onde se espremem avatares silenciosos. Todos os personagens com que você se depara nesse mundo foram alguém ou têm a possibilidade de ser alguém um dia. Na *Eneida*, Marcellus é um adolescente maravilhoso do qual se esperava muito na época de Virgílio, e que infelizmente morreu muito jovem. Quando alguém se dirige a esse adolescente para lhe dizer: "Tu serás Marcellus" (*Tu Marcellus eris*), quando os leitores sabem que ele está morto, vejo nisso toda a dimensão virtual, toda a potencialidade daquele que poderia ter sido alguém inesquecível, talvez o salvador providencial tão aguardado por nós, e que não seria senão Marcellus, um jovem defunto.

Como se Virgílio tivesse tido a intuição desse mundo virtual do qual nos vangloriamos. Essa descida aos Infernos é um belíssimo tema, que a literatura universal abordou diversamente. É o único meio oferecido a nós para vencermos ao mesmo tempo o espaço e o tempo, isto é, penetrar no reino dos mortos ou das sombras e viajar simultaneamente no passado e no futuro, no ser e no nada. Alcançar assim uma forma de imortalidade virtual.

Um outro exemplo sempre me impressionou. No *Mahabharata*, uma rainha, chamada Gandhari, acha-se grávida e não consegue parir. Ora, ela deve imperativamente fazê-lo a fim de que seu filho nasça antes do de sua cunhada, pois o primeiro a nascer será rei. Pede então a uma criada forte que pegue uma barra de ferro e lhe golpeie o ventre com todas as suas forças. Irrompe então de sua vagina uma bola de ferro que rola pelo chão. Ela quer jogá-la fora, fazê-la desaparecer, quando alguém lhe aconselha a cortar aquela bola em cem pedaços e colocar cada pedaço dentro de uma jarra, vaticinando-lhe que dessa forma lhe nascerão cem filhos. O que, de fato, acontece. Isso já não é uma imagem da inseminação artificial? Essas jarras não prefiguram nossos tubos de ensaio?

E poderíamos sem dificuldade multiplicar os exemplos. Ainda no *Mahabharata*, esperma é conservado, transportado e reutilizado. A Virgem Maria, certa noite em Calanda, vem substituir a perna cortada de um camponês espanhol: eis uma prótese pioneira. E quantas clonagens, esperma utilizado após a morte do macho? Inclusive, quantas quimeras que julgávamos desaparecidas para sempre em nuvens distantes — cabeça de bode, rabo de cobra, garras de leão — que vemos ressurgir nos devaneios dos laboratórios?

UE: Não eram os redatores do *Mahabharata* que enxergavam o futuro. É o presente que realiza os sonhos dos homens que nos precederam. Você tem toda razão. Estamos, por exemplo, prestes a tornar real a fonte da juventude. Vivemos cada vez mais e temos a possibilidade de terminar nossos dias numa forma insolente.

JCC: Daqui a cinquenta anos, seremos todos criaturas biônicas. Vejo-o, por exemplo, Umberto, com olhos artificiais. Fiz uma cirurgia dos cristalinos há três anos, no momento em que se anunciava uma catarata, o que me dispensa agora de usar óculos, pela primeira vez na minha vida. E o resultado da operação tem uma garantia de cinquenta anos! Hoje meus olhos funcionam como um filtro, mas um dos meus joelhos anda me traindo. Cabe-me decidir se o troco ou não. Uma prótese me espera em algum lugar. Pelo menos uma.

JPT: *O futuro é imprevisível. O presente entrou numa metamorfose contínua. O passado, que deveria oferecer uma base de referência e reconforto, furta-se. Estamos então falando de impermanência?*

JCC: O futuro não leva em consideração o passado, nem tampouco o presente. Os aviadores trabalham hoje em aviões que ficarão prontos daqui a vinte anos, mas concebidos para funcionar com querosene, que talvez não exista mais. O que mais me impressiona é a completa extinção do presente. Estamos obcecados como nunca pelas modas retrô. O passado nos alcança a toda velocidade, daqui a pouco teremos de nos curvar às modas do trimestre precedente. O futuro é como sempre incerto e o presente estreita-se progressivamente e se dilui.

UE: A propósito desse passado que nos alcança, instalei no meu computador as melhores rádios do mundo e tenho uma coleção de umas quarenta *Oldies*. Algumas rádios americanas oferecem uma programação voltada exclusivamente para os anos 1920 e 1930. Todas as demais sugerem que exploremos os anos 1990, já considerado um passado remoto. Uma recente pesquisa propunha o nome de Quentin Tarantino como o melhor cineasta de todos os tempos. O público interrogado não deve ter visto nem Eisenstein, nem Ford, nem Welles, nem Capra etc. Esta continua sendo a falha desse tipo de sondagem. Escrevi um livro, nos anos 1970, sobre como fazer uma tese universitária, livro traduzido em todas as línguas. A primeira recomendação que eu fazia nesse livro, no qual dava realmente conselhos a respeito de tudo, era nunca escolher um assunto contemporâneo. Ou falta bibliografia ou ela está sujeita a exame. Escolham sempre, eu dizia, um assunto clássico. Ora, atualmente a maioria das teses aborda questões contemporâneas. Recebo assim uma profusão de teses dedicadas à minha obra! É uma loucura! Mas como fazer uma tese sobre um sujeito que ainda está vivo?

JCC: Se a nossa memória é curta, logo, efetivamente, é esse passado recente que apressa o presente e o impele, empurrando-o para um futuro que tomou a forma de um imenso ponto de interrogação. Talvez já de exclamação. Onde enfiaram o presente? O maravilhoso momento que estamos vivendo e que diversos conspiradores tentam nos roubar? Às vezes restabeleço contato com esse momento, no campo, escutando o sino da igreja dar calmamente, hora a hora, uma espécie de "lá" que nos traz de volta a nós mesmos. "Puxa, são só cinco horas..." Como você, viajo muito, perco-me nos corredores do tempo, nos fusos horários, e sinto uma necessidade, cada vez maior, de reatar com esse presente tão imponderável para nós. Caso contrário, eu teria a impressão de estar perdido. E até, talvez, morto.

UE: A diluição do presente de que você fala não se deve apenas ao fato de as modas, que antigamente duravam trinta anos, durarem hoje trinta dias. É também o problema da obsolescência dos objetos de que falamos. Você dedicava alguns meses de sua vida para aprender a andar de bicicleta, mas essa bagagem, uma vez adquirida, era válida para sempre. Agora, você dedica duas semanas a compreender alguma coisa de um novo software e, quando arduamente o domina, um novo é proposto e imposto. Logo, não é um problema de memória coletiva que se perderia. Seria antes, para mim, o da labilidade do presente. Não vivemos mais um presente plácido, estamos sempre buscando nos preparar para o futuro.

JCC: Estamos instalados no movediço, no cambiante, no renovável, no efêmero, numa época em que paradoxalmente, como dissemos, vivemos cada vez mais tempo. Provavelmente a expectativa de vida de nossos avós era mais curta que a nossa, mas eles se instalavam num presente imutável. O avô do meu tio, um proprietário de terras, fazia suas contas dia primeiro de janeiro para o ano todo. Os resultados do ano anterior prefiguravam, com poucas exceções, o que seria o ano seguinte. Nada mudava.

UE: Antigamente nos preparávamos para um exame final que concluía uma longa fase de aprendizagem: na Itália, o exame de madureza; na Alemanha, o Abitur; na França, o baccalauréat. Depois disso, ninguém era obrigado a aprender mais, exceto a elite que ia à universidade. O mundo não mudava. O que você sabia, podia utilizá-lo até sua morte e a de seus filhos. Aos 18 ou 20 anos as pessoas aposentavam-se epistemologicamente. O funcionário de uma empresa deve, em nossos dias, atualizar constantemente seus conhecimentos sob pena de perder o emprego. O rito de passagem que simbolizava esses grandes exames de fim de estudos não tem mais nenhuma significação.

JCC: O que você está dizendo valia também, por exemplo, para os médicos. A bagagem deles, quando terminavam seus estudos, permanecia válida para o restante de suas carreiras. E o que você fala sobre essa aprendizagem sem fim à qual todos são agora coagidos é igualmente válido para os que se dizem "aposentados". Quantas pessoas idosas tiveram que se iniciar na informática, que evidentemente não puderam conhecer durante seu período de atividade? Estamos condenados a ser eternos estudantes como o Trofimov de *O jardim das cerejeiras*. Melhor assim, talvez, no fundo. Nos mundos que chamamos primitivos, que não mudam, os velhos detêm o poder, uma vez que são eles que transmitem os conhecimentos a seus filhos. Quando o mundo está em revolução permanente são os filhos que ensinam eletrônica aos pais. E seus filhos, quem ensinará a eles?

Citar os nomes de todos os participantes da batalha de Waterloo

JPT: *Vocês evocaram a dificuldade de encontrar nos dias de hoje instrumentos confiáveis para conservar o que deve ser conservado. Mas a função da memória não é armazenar tudo?*

UE: Claro que não. A memória — seja nossa memória individual, seja essa memória coletiva que é a cultura — tem uma função dupla. Uma é, com efeito, conservar certos dados, a outra é relegar ao esquecimento as informações que não nos servem e que poderiam atulhar inutilmente nossos cérebros. Uma cultura que não sabe filtrar o que preservamos como herança dos séculos passados é uma cultura que nos lembra o personagem Funes, inventado por Borges em *Funes ou a memória*, e que é dotado de uma capacidade de se lembrar de tudo. O que é exatamente o contrário da cultura. A cultura é um cemitério de livros e outros objetos desaparecidos para sempre. Existem atualmente trabalhos sobre esse fenômeno, que consiste em renunciar tacitamente a certos vestígios do passado e, portanto, em filtrar, e por outro lado em colocar outros elementos dessa cultura numa espécie de geladeira, para o futuro. Os arquivos, as bibliotecas são esses frigoríficos nos quais armazenamos a memória a fim de que o espaço cultural não fique abarrotado com toda essa quinquilharia, mas sem com isso renunciar a ela. Poderemos sempre, no futuro, se o coração nos ditar, voltar a eles.

É possível um historiador descobrir o nome de todos os participantes da batalha de Waterloo, mas nem por isso ele os ensinará na escola, nem sequer na universidade, uma vez que esses detalhes, além de não serem imprescindíveis, talvez sejam inclusive perigosos. Pego outro exemplo. Sabemos tudo a respeito de Calpúrnia, a última esposa de César, até os Idos de Março, data do assassinato, momento em que ela o desaconselha a ir ao Senado em consequência de um pesadelo que tivera.

Depois da morte de César, não sabemos mais nada sobre ela. Ela desaparece de nossas memórias. Por quê? Porque não era mais útil ter informações sobre ela. E isso não se deve, como poderíamos suspeitar, ao fato de ela ser mulher. Clara Schumann também era mulher, mas sabemos tudo que ela fez depois da morte de Robert. Logo, a cultura é uma seleção. A cultura contemporânea, ao contrário, via Internet, nos inunda com detalhes a propósito de todas as Calpúrnias do planeta e isso diariamente, a cada minuto, de tal forma que um guri que faça uma pesquisa para seu dever de casa pode ter a sensação de que Calpúrnia é tão importante quanto César.

JCC: Entretanto, como fazer uma seleção para as gerações futuras? Quem vai selecionar? Como prever o que irá interessar aos nossos descendentes, o que lhes era indispensável, ou simplesmente útil, ou mesmo agradável?

Como filtrar quando, como você dizia, tudo que nos chega pelo viés de nossos computadores, sem nenhuma ordem, sem hierarquia, sem seleção? Em outras palavras, como fabricar nossa memória, nessas condições, sabendo que essa memória é uma questão de escolhas, de preferências, de descartes, de omissões voluntárias e involuntárias? Sabendo também que a memória de nossos descendentes não será obrigatoriamente da mesma natureza que a nossa. O que será a memória de um clone?

Sou historiador por formação e sei a que ponto devemos desconfiar dos documentos que supostamente nos fornecem o conhecimento exato dos fatos do passado. Posso ilustrar a questão dessa transmissão com uma história pessoal. O pai de Nahal, minha mulher, era um erudito iraniano que, entre outros trabalhos, fez um estudo sobre um encadernador de Bagdá que vivia no século X e se chamava Al-Nadim. Você sabe que os iranianos inventaram a encadernação e também aquela encadernação que cobre completamente o escrito para protegê-lo.

Encadernador culto, além de calígrafo, esse homem interessava-se pelos livros que encadernava, a ponto de os ler e deles sempre fazer um resumo. Ora, a maioria dos livros que ele encadernou encontra-se desaparecida nos dias de hoje, só nos restando os resumos do encadernador, seu catálogo, que se intitula *Al-Fihrist*. Reza Tajadod, autor do estudo, colocava assim a questão de saber o que, através dessa filtragem pessoal constituída pelo precioso trabalho do encadernador, podemos saber exatamente acerca dos livros que ele tivera nas mãos e cuja existência só conhecemos por seu intermédio.

UE: Conhecemos certas esculturas e pinturas da Antiguidade apenas por descrições. Essas descrições eram denominadas *ekphrasis*. Quando foi encontrada em Roma, na época de Michelangelo, a estátua do *Laocoonte*, datando da época helenística, foi identificada com base em descrições feitas por Plínio, o Velho.

JCC: Mas se agora dispomos de tudo sobre tudo, sem filtragem, de uma soma ilimitada de informações acessíveis em nossos monitores, o que significa a memória? Qual o sentido dessa palavra? Quando tivermos ao nosso lado um criado eletrônico capaz de responder a todas as nossas perguntas, mas também àquelas que não podemos sequer formular, o que nos restará para conhecer? Quando nossa prótese souber tudo, absolutamente tudo, o que devemos aprender ainda?

UE: A arte da síntese.

JCC: Sim, e o próprio ato de aprender. Pois aprendemos a aprender.

UE: Sim, aprendemos a controlar uma informação cuja autenticidade não podemos verificar. Este é evidentemente o dilema dos professores. Para fazer seu dever, os alunos vão pescar na Internet as informações de que necessitam sem saber se essas informações são exatas. E como poderiam saber? Então o conselho que dou aos professores é pedir a seus alunos, no caso de um dever de casa, que façam a seguinte pesquisa: a propósito do assunto sugerido, descubra dez fontes de informação diferentes e compare-as. Trata-se de exercitar seu senso crítico face à Internet, de aprender a não aceitar tudo como favas contadas.

JCC: A questão da filtragem também significa que devemos decidir o que devemos ler. Os jornais nos apontam 15 obras-primas "imperdíveis" toda semana, e em todos os domínios da criação.

UE: Sobre essa questão, formulei uma teoria da dizimação. Tomemos o domínio dos ensaios. Basta ler um livro em cada dez. Para os outros, você se reporta à bibliografia, às notas, e percebe imediatamente se as referências dadas são sérias ou não. Se o livro é interessante, não é necessário lê-lo, uma vez que certamente será comentado, citado, criticado em outros livros, inclusive naquele que você decidiu ler. Aliás, como professor universitário, você recebe uma tal quantidade de material impresso antes da publicação do livro que não tem mais tempo de lê-lo depois que publicado. De toda forma, no mais das vezes ele já está caduco quando você tem acesso a ele. Sem falar do que qualificamos na Itália como livros "cozidos e comidos", isto é, fabricados em função dos acontecimentos e oportunidades, e que não justificam você perder o seu tempo.

JCC: Quando eu cursava história, faz cinquenta ou 55 anos, forneciam-nos a cronologia necessária para abordarmos um dado assunto, isso a fim de refrescar nossa memória. Não tínhamos que aprender datas além do mais sem interesse, fora do exercício proposto. Se nos dedicarmos ao mesmo exercício baseando-nos nas informações colhidas na Internet, precisamos, logicamente, verificar a confiabilidade das informações. Esse instrumento, que nos deve trazer certo conforto, colocando à nossa disposição tudo e qualquer coisa, o verdadeiro e o menos verdadeiro, mergulha-nos efetivamente numa grande perplexidade. Imagino que os sites dedicados a Umberto Eco estejam recheados de falsas informações ou, pelo menos, de imprecisões. Será que amanhã precisaremos de um secretário verificador? Inventaremos uma nova profissão?

UE: Mas a tarefa de um verificador profissional não seria tão simples assim. Você e eu podemos nos dar ao luxo de sermos verificadores no que nos diz respeito. Mas quem será o verificador pessoal para tudo que diz respeito, digamos, a Clemenceau ou a Boulanger? E quem lhe pagará? Não o Estado francês, pois nesse caso ele deverá nomear verificadores para todos os personagens oficiais da história da França!

JCC: De toda forma, acho que, de uma maneira ou de outra, teremos uma necessidade cada vez maior desses verificadores. É uma profissão que vai se generalizar.

UE: Mas quem irá verificar o verificador? Antigamente, os verificadores eram membros das grandes instituições culturais, das academias ou das universidades. Quando o senhor fulano, membro do Instituto sicrano, publicava seu livro sobre Clemenceau, ou sobre Platão, conjecturávamos que as informações que ele nos fornecia eram exatas, porque ele perdera uma vida inteira nas bibliotecas verificando todas as suas fontes. Mas hoje corremos o risco de que o senhor fulano também tenha colhido suas informações na Internet, ficando então tudo sujeito a confirmação. Para ser honesto, tudo isso podia acontecer inclusive antes da Internet. Nem a memória individual nem a memória coletiva são fotografias do que realmente aconteceu. São reconstruções.

JCC: Você sabe tanto quanto eu a que ponto as exigências do nacionalismo contribuíram para deformar a visão que temos de determinados fatos. Os historiadores, à sua revelia, obedecem frequentemente, e ainda hoje, à ideologia, manifesta ou latente, de seus países. Os historiadores chineses falam neste momento qualquer coisa sobre as relações antigas da China com o Tibete ou a Mongólia, e isso é ensinado nas escolas chinesas. Ataturk, na sua época, mandou reescrever de ponta a ponta a história da Turquia. Fez turcos viverem na Turquia na época dos romanos, séculos antes de sua chegada. E assim por diante, em toda parte... Se quisermos verificar, onde verificaremos? Os turcos, julgamos saber, vinham na realidade da Ásia Central, e os primeiros habitantes da Turquia atual não deixaram nada escrito. Como fazer?

UE: O problema é o mesmo com a geografia. Não faz muito tempo, devolvemos à África suas dimensões exatas, durante muito tempo minimizadas pelas ideologias imperialistas.

JCC: Recentemente eu estava na Bulgária, em Sófia. Dirijo-me ao Hotel Arena Serdica, que não conheço. Ao entrar, constato que o hotel foi construído sobre ruínas que podemos ver através de uma grande vidraça. Interrogo as pessoas do hotel. Elas me explicam que, com efeito, havia um coliseu romano exatamente naquele lugar. Perplexidade. Eu não sabia que os romanos haviam construído um coliseu em Sófia, monumento que, acrescentam, tinha apenas dez metros a menos, em diâmetro, do que o de Roma. Enorme, então. E, nos muros externos do coliseu, os arqueólogos descobriram esculturas que são como cartazes, ilustrando os espetáculos ali exibidos. Vemos dançarinos, gladiadores decerto, e uma coisa que eu nunca tinha visto, um combate entre um leão e um crocodilo. Em Sófia!

De repente minha memória da Bulgária, já abalada pela descoberta dos tesouros dos trácios alguns anos antes, descobertas que empurravam aquele território para um passado ainda mais remoto, mais remoto que a Grécia, viu-se profundamente transtornada. Por que um circo daquele tamanho em Sófia? Porque havia ali, me contaram, fontes termais muito apreciadas pelos romanos. Então me lembrei que Sófia não está tão distante do lugar onde o pobre Ovídio padecera seu exílio. E eis que a Bulgária, cujos laços eslavos eu julgava incontestáveis, tornava-se uma colônia romana!

O passado não para de nos surpreender, mais que o presente, mais que o futuro talvez. Para terminar com essa evocação de uma Bulgária subitamente romana, faço essa citação do humorista bávaro Karl Valentin: "O futuro também era melhor antigamente." Devemos-lhe também esta observação repleta de bom senso: "Tudo já foi dito, mas não por todo mundo."

Em todo caso, chegamos a esse momento da nossa história em que podemos delegar a máquinas inteligentes — inteligentes do nosso ponto de vista — a tarefa de se lembrar em nosso lugar das coisas boas e ruins. Michel Serres voltou a esse tema numa entrevista concedida ao *Monde de l'Education*, dizendo que, se não temos mais essa força de memorização para fornecer, então "só nos resta a inteligência".

UE: Naturalmente aprender a tabuada de multiplicação numa época em que as máquinas podem calcular melhor do que qualquer um não faz muito sentido. Mas subsiste o problema da nossa capacidade "ginástica". É evidente que com um automóvel posso ir mais rápido do que a pé. Por outro lado, precisamos caminhar um pouco diariamente, ou fazer *jogging*, para não virarmos uma planta. Você com certeza conhece essa bela história de ficção científica que conta como o Pentágono descobre, no próximo século, numa sociedade na qual doravante os computadores pensam em nosso lugar, alguém que ainda sabe de cor a tabuada de multiplicação. Os militares chegam então ao consenso de que se trata de uma espécie de gênio particularmente valioso em tempos de guerra, para o dia em que o mundo for palco de um blecaute global. Há uma segunda objeção. Em determinados casos, o fato de saber algumas coisas de cor nos propicia faculdades de inteligência superiores. Tudo bem, concordo que a cultura não está no fato de saber a data exata da morte de Napoleão. Mas não resta dúvida de que tudo que você pode saber por si mesmo, inclusive a data da morte de Napoleão, em 5 de maio de 1821, lhe dá uma certa autonomia intelectual.

Essa questão não é nova. A invenção da prensa já é essa possibilidade de colocar a cultura que não queremos acumular na "geladeira", nos livros, sabendo simplesmente onde encontrar a informação de que eventualmente precisamos. Logo, há delegação de uma parte da memória a livros, a máquinas, mas subsiste uma obrigação de saber tirar o melhor partido de suas ferramentas. E, por conseguinte, de conservar sua própria memória.

JCC: Mas ninguém contestará o fato de que, para poder utilizar essas ferramentas sofisticadas que, como vimos, tendem a caducar celeremente, somos obrigados a reaprender incessantemente novos usos e linguagens, memorizá-los. Nossa memória é poderosamente solicitada. Mais do que nunca, talvez.

UE: Certamente. Se você não foi capaz, desde a chegada dos primeiros computadores em 1983, de reciclar permanentemente sua memória informática passando de um disquete flexível para um disquete de formato mais reduzido, depois para um disco e agora para uma chave, você perdeu várias vezes seus dados, parcial ou integralmente. Pois, evidentemente, nenhum computador pode ler os primeiros disquetes, que já pertencem à era pré-histórica da informática. Procurei desesperadamente a primeira versão do meu *Pêndulo de Foucault*, que eu devia ter gravado em disquete nos anos 1984 ou 1985, sem sucesso. Se eu tivesse batido a máquina o meu romance, ela ainda estaria aqui.

JCC: Talvez haja alguma coisa que não desaparece, é a memória que conservamos do que experimentamos através dos diferentes momentos de nossa vida. A memória preciosa — e às vezes enganadora — dos sentimentos, das emoções. A memória afetiva. Quem pretenderia nos confiscá-la e com que fim?

UE: Mas essa memória biológica deve ser treinada diariamente. Se nossa memória fosse como a de um disquete, então teríamos nosso Alzheimer aos cinquenta anos. Porque uma das maneiras de afastar esse Alzheimer, ou qualquer outra forma de doença senil, é precisamente continuar a aprender, por exemplo decorar um poema todas as manhãs. Fazer todo tipo de exercícios de inteligência. Até mesmo enigmas ou anagramas. Nossa geração ainda era obrigada a decorar poemas na escola. Mas isso acontece cada vez menos. Tratava-se simplesmente, decorando, de exercitar nossas faculdades de memória, e portanto de inteligência. Hoje, quando não somos mais obrigados a fazê-lo, precisamos de certa maneira nos impor esse exercício diário, sem o qual corremos o risco de atingir precocemente a senilidade.

JCC: Permita-me introduzir duas nuances no que você diz. É verdade que a memória é, digamos, um músculo, e que podemos treiná-la, como possivelmente a imaginação. Sem com isso virarmos o Funes de Borges, que você mencionava anteriormente, um homem que se lembra de tudo, que perdeu o doce privilégio de esquecer. E, não obstante: ninguém aprendeu mais textos do que os atores de teatro. Ora, a despeito desse trabalho, dessa aplicação de toda uma vida, conhecemos muitos exemplos de Alzheimer entre os atores e me perguntei frequentemente por quê. Depois, me impressiona, e provavelmente a você também, a coincidência entre o desenvolvimento da memória artificial, aquela que é armazenada em nossos computadores e que parece absolutamente infinita, e a do mal de Alzheimer, como se as máquinas houvessem alcançado o humano, tornando nossa memória inútil, irrisória. Não precisamos mais ser nós mesmos. É espantoso e bastante aterrador, não acha?

UE: Convém certamente distinguir a função do suporte material. Caminhar preserva a função da minha perna, mas posso quebrá-la, e, nesse caso, não ando mais. Podemos dizer a mesma coisa do cérebro. Evidentemente, se a massa cinzenta for objeto de algum tipo de degenerescência física, o fato de ter decorado diariamente dez versos de Racine não basta. Um amigo meu, Giorgio Prodi, irmão de Romano Prodi, grande cancerologista, que por sinal morreu de câncer, quando seu cérebro sabia abalizadamente tudo sobre o assunto, me dizia: "Se amanhã vivêssemos todos até os cem anos, a maioria de nós morreria de câncer." Quanto mais aumenta a duração da vida, mais aumentam as probabilidades de o corpo humano degringolar. Quero dizer com isso que o nosso Alzheimer talvez seja simplesmente a consequência do fato de vivermos mais tempo.

JCC: Objeção, cavalheiro. Li recentemente um artigo numa revista médica sugerindo que o Alzheimer rejuvenescia. Pessoas de 45 anos podem ser vítimas dele.

UE: Muito bem. Então vou parar de decorar os poemas e passar a beber duas garrafas de uísque por dia. Obrigado por ter me dado uma esperança. "Merdra!", como dizia Ubu.

JCC: Lembro-me justamente, minha memória funciona na hora certa, da seguinte citação: "Guardei a lembrança de um homem que tinha uma memória extraordinária. Mas esqueci o que ele sabia." Logo, não me lembro senão do esquecimento. Dito isto, creio que nossa conversa agora permite lembrar a distinção que a língua francesa faz entre o saber e o conhecimento. O saber é tudo com que somos entupidos e que nem sempre tem uma utilidade. O conhecimento é a transformação de um saber numa experiência de vida. Logo, talvez possamos confiar o fardo desse saber incessantemente renovado a máquinas e nos concentrar no conhecimento. É provavelmente nesse sentido que convém entender a frase de Michel Serres. Com efeito, só nos resta — que consolo — a inteligência. Acrescentemos que, naturalmente, se uma crise ecológica significativa demolir a raça humana e se, por acidente ou por deterioração, desaparecermos, essas questões que colocamos a respeito da memória, e que debatemos, serão acusadas de vaidade, de absurdo. Tenho na cabeça a última frase das *Mitológicas*, de Lévi-Strauss: "Isto é, nada." "Nada" é a última palavra. Nossa última palavra.

A revanche dos filtrados

JPT: *Parece-me que convém retornar àquela situação criada pela disponibilidade de uma memória incontrolável, com a Internet. Como tratar esse material, essa diversidade, essas contradições, essa abundância?*

JCC: O que a Internet nos fornece é na realidade uma informação bruta, sem nenhum discernimento, ou quase isso, sem controle das fontes nem hierarquização. Ora, todos nós precisamos não apenas verificar, como dar sentido, isto é, organizar, colocar seu saber num momento de seu discurso. Mas segundo que critérios? Nossos livros de história, como dissemos, foram frequentemente escritos a partir de preferências nacionais, influências às vezes passageiras, escolhas ideológicas que se apresentavam aqui e ali. Nenhuma história da Revolução Francesa é inocente. Danton é o grande homem dos historiadores franceses do século XIX, tem estátuas e ruas por toda parte com seu nome. Depois cai em desgraça, acusado de corrupção, e Robespierre, o Incorruptível, defendido por historiadores marxistas como Albert Matthiez, volta com força. Consegue algumas ruas com seu nome nos bairros comunistas, e até mesmo uma estação de metrô em Montreuil-sous-Bois. Amanhã, quem? O quê? Não sabemos. Logo, precisamos de um ponto de vista ou, pelo menos, de algumas referências, para abordar esse oceano encapelado do saber.

UE: Vejo outro perigo. As culturas operam sua filtragem nos dizendo o que devemos conservar e o que devemos esquecer. Nesse sentido, elas nos oferecem um terreno comum de consenso, inclusive a respeito dos erros. Você pode compreender a revolução operada por Galileu apenas a partir das teorias de Ptolomeu. Ora, precisamos partilhar a etapa Ptolomeu para ter acesso à etapa Galileu e constatar que o primeiro se enganara. Qualquer discussão entre nós só pode se dar tendo como base uma enciclopédia comum. Posso inclusive lhe demonstrar que Napoleão nunca existiu — mas somente porque nós três aprendemos que ele existiu. É esta a garantia da continuidade do diálogo. São esses gregarismos que autorizam o diálogo, a criação e a liberdade. Com a Internet, que nos dá tudo que nos condena, como você acaba de dizer, a operar uma filtragem não mais pela mediação da cultura mas da nossa própria cabeça, corremos o risco de dispor agora de seis bilhões de enciclopédias. O que impedirá qualquer consenso.

É um pouco de ficção científica, pois haverá sempre forças que impelirão as pessoas a aderir às mesmas crenças, quero dizer, haverá sempre a autoridade reconhecida do que chamamos de comunidade científica internacional, na qual depositamos confiança porque vemos que ela é capaz de rever e corrigir de maneira pública suas conclusões, e isso diariamente. É graças à nossa confiança na comunidade científica que acreditamos piamente ser verdade que a raiz quadrada de 2 é 1,4142135623730950488 0116887242096980785696718753769480731766797379 073 (não sei de cor, consultei no meu laptop). Em outras palavras, que outra garantia teria uma pessoa normal de que isso é verdade? Poderíamos dizer que as verdades científicas permanecerão mais ou menos válidas para todos porque, se não partilhássemos as mesmas noções matemáticas, seria impossível construir uma casa.

Mas basta circular um pouco pela Internet para descobrir grupos que questionam noções que julgamos partilhadas por todos, sustentando, por exemplo, que a Terra é oca e que vivemos sobre sua superfície interna, ou ainda que o mundo foi realmente criado em seis dias. Por conseguinte, existe o risco de encontrarmos diversos saberes diferentes. Estávamos convencidos de que, com a globalização, todo mundo pensaria da mesma forma. Temos um resultado contrário sob todos os aspectos: ela contribui para o esfacelamento da experiência comum.

JCC: A propósito dessa exuberância, através da qual cada um é obrigado a desbravar seu caminho custe o que custar, penso às vezes no panteão indiano com suas 36 mil divindades principais e suas divindades secundárias, em número ilimitado. Apesar dessa dispersão do divino, ainda assim há grandes deuses que são comuns a todos os indianos. Por quê? Existe um ponto de vista que na Índia é conhecido como o ponto de vista da tartaruga. Você coloca uma tartaruga no chão, as quatro patas para fora da carapaça. Ela representa os quatro pontos cardeais.

Você monta na tartaruga, que é um dos avatares de Vishnu, e escolhe, das 36 mil divindades que você percebe à sua volta, as que lhe falam de um modo especial. Depois disso, você traça seu caminho. Para mim, isso é igual, ou quase, ao caminho pessoal que podemos percorrer na Internet. Todo indiano tem suas divindades pessoais. E, no entanto, todos partilham uma comunidade de crenças. Mas volto à filtragem. Todos nós fomos educados através de filtragens realizadas antes de nós. Isso é típico de toda cultura, como você lembrou. Mas evidentemente não é proibido questionar essas filtragens. E não nos privamos disso. Um exemplo: para mim, os maiores poetas franceses, tirando Rimbaud e Baudelaire, são desconhecidos. São os poetas barrocos libertinos e preciosos do início do século XVII, que Boileau e os clássicos mataram sumariamente. Chamam-se Jean de Lacépède, Jean-Baptiste Chassignet, Claude Hopil, Pierre de Marbeuf. São poetas que às vezes sei de cor, mas que não consigo encontrar senão em edições originais, isto é, publicadas na época deles, raras e caras. Quase nunca foram reeditadas. Reitero que estão entre os maiores poetas franceses, infinitamente superiores a Lamartine, a Alfred de Musset, que entretanto nos foram impingidos como os mais eminentes representantes da nossa poesia. Musset deixou 14 obras e fiquei feliz de um dia descobrir que Alfred Jarry o chamara 14 vezes de incompetente.

Nosso passado, portanto, não é congelado. Nada mais vivo que o passado. Vou um pouco mais longe. Quando adaptei *Cyrano de Bergerac*, de Edmond Rostand, para fazer um filme, eu e Jean-Paul Rappeneau quisemos enfatizar o personagem de Roxane, que, na peça, é deixado um pouco em segundo plano. Eu me divertia em contar a história dizendo que era a de uma mulher. Como assim, a história de uma mulher? Sim, uma mulher que encontrou o homem ideal, ele é bonito, inteligente, generoso, tem apenas um defeito: ele é dois.

Roxane apreciava particularmente os poetas desse tempo, de seu tempo. Para familiarizar a atriz, Anne Brochet, com seu personagem, o de uma interiorana inteligente e sensível, instalada em Paris, pus-lhe nas mãos exemplares originais desses poetas esquecidos. E não apenas esses poetas lhe agradaram, como fizemos uma leitura deles no Festival de Avignon. Logo, é possível ressuscitar, nem que seja por um instante, mortos injustamente condenados.

E falo efetivamente de mortos, autênticos mortos. Devemos nos lembrar que alguns desses poetas foram queimados na Place de Grève, em pleno século XVII, porque eram libertinos, rebeldes, frequentemente homossexuais e sempre insolentes. Foi o caso de Jacques Chausson, depois de Claude Petit. Temos deste último um soneto escrito sobre a morte de seu amigo, culpado de sodomia e libertinagem e queimado em 1661. O carrasco vestia nos prisioneiros uma camisa embebida em enxofre, de tal maneira que o fogo inflamava rapidamente o condenado e o sufocava. "Amigos, queimaram o desafortunado Chausson." É assim que começa o soneto de Claude Petit. Ele conta o pavoroso suplício e termina dizendo, em alusão à camisa de enxofre que se inflama: "No fim, ele morreu como vivera/ Mostrando, o nojento, o rabo para todo mundo."

Claude Petit será queimado por sua vez, dois anos mais tarde. Pouca gente sabe disso. Estamos na época dos sucessos de Corneille, de Molière, da construção de Versalhes, no nosso "Grande Século". Eis então outra forma de filtragem: queimar homens. Houve, por sorte e graças à bibliofilia, no fim do século XIX, um bibliófilo, Frédéric Lachèvre, que se apaixonou por esses poetas e os republicou. Graças a ele, ainda podemos lê-los.

UE: Você fala dos poetas barrocos franceses esquecidos. Na primeira metade do século XX, a maior parte da poesia barroca italiana era totalmente escamoteada nos currículos escolares italianos porque era vista como um momento de decadência. Pertenço à geração que, na universidade, não no liceu, escutando mestres inovadores, redescobriu o barroco e isso a tal ponto, no que me diz respeito, que inspirou meu romance *A ilha do dia anterior*, que se situa nesse período. Mas também contribuíamos para revisar nossa abordagem da Idade Média, revisão já empreendida na segunda metade do século XIX. Trabalhei sobre a estética da Idade Média. Existiam então dois ou três cientistas que se haviam ocupado de forma sublime disso, mas a classe intelectual continuava a refugar e era preciso perseverar. Mas sua não descoberta e nossa redescoberta do barroco devem-se igualmente ao fato de que a França não teve um autêntico barroco na arquitetura. O século XVII já é clássico. Enquanto a Itália, na mesma época, tem Bernini, Borromini, que estão, na arquitetura, em sintonia absoluta com essa poesia. Você então não atravessou a vertigem da arquitetura. A igreja Saint-Sulpice não é barroca. Não quero ser cruel e dizer com Huysmans que ela é o modelo de todas as estações ferroviárias francesas.

JCC: Nem por isso ele deixou de situar lá parte da ação de seu romance *Là-bas*

UE: Gosto de todo o bairro de Saint-Sulpice, até da igreja. Simplesmente ela não me evoca o barroco italiano, nem o bávaro, ainda que seu arquiteto, Servandoni, fosse italiano.

JCC: Quando Henrique IV mandou construir a Place des Vosges, em Paris, ela já era bem equilibrada, com efeito.

UE: Embora concebidos no Renascimento, os castelos do Loire, a exemplo de Chambord, são realmente os únicos exemplos de um barroco francês?

JCC: Na Alemanha, o barroco é o equivalente do clássico.

UE: Eis por que Andreas Gryphius é para eles um grande poeta e deve corresponder provavelmente a seus poetas franceses esquecidos. Agora, vejo também outra razão que poderia explicar que o barroco dardeje aqui ou ali com mais brilho. O barroco surgiu em meio a um período de decadência política, como no caso da Itália, ao passo que, na França, ao contrário, o poder central se fortalece consideravelmente na mesma época. Um rei muito poderoso não pode autorizar seus arquitetos a se entregarem às suas fantasias. O barroco é libertário, anárquico.

JCC: Quase rebelde. A França acha-se então sob a injunção da terrível sentença de Boileau, que diz: "Finalmente chegou Malherbe, o primeiro na França/ Que fez sentir em seus versos uma justa cadência." Boileau, sim, que é o antipoeta por excelência. Agora para citar outra figura por muito tempo desconhecida e recentemente redescoberta, exato contemporâneo de nosso talibã francês, precisamos mencionar Baltasar Gracián, autor de *O homem de corte.*

UE: Existe outra figura importante, na época. Quase no mesmo instante em que Gracián trabalhava na Espanha em seu *Oraculo manual y arte de prudencia* (*O homem de corte*), na Itália Torquato Accetto escrevia *Da honesta dissimulação.* Gracián e Accetto concordam em muitos pontos. Porém, enquanto Gracián aconselha a adotar na corte um comportamento em total desacordo com o que se é, na preocupação de brilhar mais, Accetto prescreve optar por uma conduta que permita esconder o que se é, na preocupação primordial de se proteger. São nuances, claro, operadas pelos autores desses dois tratados da simulação, um para melhor parecer, o outro para melhor desaparecer.

JCC: O autor italiano que nunca precisou de reabilitação nesse domínio é evidentemente Maquiavel. A propósito, já percebeu que existem, no domínio das ciências, as mesmas injustiças de que são vítimas algumas grandes figuras esquecidas?

UE: A ciência é assassina, mas num outro sentido. Ela mata a ideia precedente, se esta é invalidada por uma descoberta mais recente. Os cientistas, por exemplo, acreditavam que as ondas circulavam no éter. Uma vez demonstrado que o éter não existe, ninguém tem mais o direito de falar nele. E a hipótese abandonada torna-se então matéria para a história da ciência. Infelizmente, a filosofia analítica nos Estados Unidos, em seu desejo nunca realizado de se parecer com a ciência, adotou o mesmo ponto de vista. Há algumas décadas, no departamento de filosofia de Princeton, podia-se ler: "Proibido aos historiadores da filosofia." Ao contrário, as ciências humanas não podem esquecer sua história. Um filósofo analítico me perguntou uma vez por que deveria se preocupar com o que os estoicos haviam dito sobre essa ou aquela questão: ou se trata de uma bobagem e ela não nos interessa, ou se trata de uma ideia válida e é pouco provável que cedo ou tarde um de nós não a formule.

Respondi-lhe que os estoicos talvez houvessem levantado problemas interessantes, desde então abandonados, mas que precisávamos redescobrir sem demora. Se eles tinham enxergado certo, não vejo por que esperar algum gênio americano redescobrir uma ideia tão antiga, com todo imbecil europeu já conhecendo-a. Ou então, se o desenvolvimento dessa ideia outrora emitida houvesse levado a um impasse, convinha desde já saber disso para não percorrer novamente um caminho que não levava a lugar nenhum.

JCC: Eu citava nossos grandes poetas desconhecidos. Fale-me dos autores italianos esquecidos. Injustamente esquecidos.

UE: Falei dos barrocos menores, embora o mais importante deles, Giovan Battista Marino, na época, fosse mais conhecido na França do que na Itália. Quanto ao resto do século XVII, nossos grandes homens eram cientistas e filósofos, como Galileu ou Bruno, ou Campanella, que pertencem ao "syllabus" universal. Se por um lado nosso século XVIII foi muito fraco, quando o comparamos ao que acontecia na França no mesmo período, não podemos todavia passar sob silêncio o caso Goldoni. Menos conhecidos são os filósofos italianos do Iluminismo, por exemplo Beccaria, o primeiro a se manifestar contra a pena de morte. Mas o maior pensador do século XVIII italiano foi sem dúvida alguma Vico, que antecipou a filosofia da história do século XIX. Ele foi reavaliado mais no mundo anglo-saxão do que na França.

Giacomo Leopardi é sem dúvida um dos maiores poetas do século XIX, seja em que língua for, mas continua pouco conhecido na França, apesar de boas traduções. Mas, acima de tudo, Leopardi foi um grande pensador e, como tal, não foi reconhecido sequer na Itália. Isso é curioso. Anos atrás, seu imenso *Zibaldone* (reflexões filosóficas absolutamente não sistemáticas sobre tudo, e até um pouco mais) foi traduzido em francês, mas só atraiu uma pequena minoria de filósofos ou italianistas. Mesma coisa com Alessandro Manzoni: seus *Noivos* conheceram diversas traduções francesas (desde sua publicação e ainda recentemente), mas nunca conquistou um público amplo. Pena, pois o considero um grande romancista.

Existem até mesmo traduções das *Confissões de um italiano*, de Ippolito Nievo, mas por que os franceses deveriam lê-las, uma vez que nem os italianos as releem (a menos que tenham uma boa razão para fazê-lo)? Tenho vergonha de confessar que não o li, de ponta a ponta, senão recentemente. Uma descoberta. Diziam que era maçante. Não é verdade. A obra é cativante. Talvez fique um pouco pesada no segundo volume, mas o primeiro é de grande beleza. Aliás, ele morreu aos 30 anos durante as guerras garibaldinas, e de uma forma misteriosa. O romance foi publicado após sua morte, sem que ele tivesse tido tempo de revisá-lo. Um caso literário e histórico apaixonante.

Eu poderia citar Giovanni Verga. Mas acima de todos, talvez, o movimento literário e artístico dos anos 1860-1880, de uma grande modernidade, que chamamos a Scapigliatura. É pouco conhecido dos próprios italianos, ao passo que seus representantes estavam à altura do que se fazia na mesma época em Paris. Os "Scapigliati" são os "fanáticos", os "boêmios".

JCC: Temos na França o grupo dos Hirsutos, fundado por alguns membros dos Hidropatas, que se reuniam principalmente no Chat Noir, no fim do século XIX. Mas quero acrescentar uma coisa ao que você dizia sobre o século XVIII. Entre a *Fedra* de Racine e o Romantismo, na França, passam-se 120 ou 130 anos sem que um poema seja escrito. Os versejadores, naturalmente, produziram e publicaram milhares de versos, milhões talvez, mas nenhum francês é capaz de citar um único desses poemas. Menciono Florian, que é um fabulista banal, o abade Delille, Jean-Baptiste Rousseau, mas quem os leu e sobretudo quem conseguiria lê-los atualmente? Quem ainda conseguiria ler as tragédias de Voltaire? Muito celebradas na época, a ponto de o autor ter sido coroado em vida no teatro da Comédie-Française, elas hoje em dia furtam-se a nós. Porque esses "poetas", ou que se julgavam tais, contentavam-se em aplicar as regras do século precedente, decretadas por Boileau. Nunca se escreveram tantos versos e tão poucos poemas. Nem sequer unzinho durante mais de um século. Quando você se contenta em aplicar as regras, toda surpresa, todo brilho, toda inspiração se evapora. É a lição que tento passar, às vezes, aos jovens cineastas. "Vocês podem continuar a fazer filmes, isso é relativamente fácil, e esquecer de fazer cinema."

UE: Nesse caso preciso, a filtragem tem um lado bom. É preferível não se lembrar desses "poetas" mencionados por você.

JCC: Sim, foi uma filtragem implacável e justa dessa vez. Todos para o abismo do esquecimento. Parece que o talento, a novidade e a audácia haviam passado para o lado dos filósofos, dos prosadores como Laclos, Lesage ou Diderot e para os autores de teatro, Marivaux e Beaumarchais. Antes da inauguração do nosso grande século do romance, o XIX.

UE: Ao passo que a grande época do romance inglês já é o século XVIII com Samuel Richardson, Daniel Defoe... As três grandes civilizações do romance são incontestavelmente a França, a Inglaterra e a Rússia.

JCC: Sempre impressiona constatar que uma inspiração artística pode subitamente desaparecer. Se você pegar a história da poesia francesa, digamos de François Villon aos surrealistas, você citará escolas poéticas que vão reinar sucessivamente nas letras, como a Pléiade, os Clássicos, os Românticos, os Simbolistas, os Surrealistas etc. Mas não encontrará nenhum vestígio poético, nenhuma inspiração nova no período que vai de 1676, data de *Fedra*, a um autor como André Chenier.

UE: Silêncio da poesia que corresponde a uma das épocas mais gloriosas da França.

JCC: Quando o francês era a língua diplomática de toda a Europa. E posso lhe dizer que procurei! Até na literatura popular, um pouco por toda parte. Nada a salvar.

UE: Os gêneros literários e pictóricos são criados por imitação e influência. Vamos pegar um exemplo. Um escritor começa, pioneiramente, a compor um bom romance histórico que faz certo sucesso: vê-se imediatamente plagiado. Se descubro que escrevendo um romance de amor posso ganhar dinheiro, não vou me privar de tentar por minha vez. Assim como na latinidade formou-se o cenáculo dos poetas que falavam de amor, como Catulo e Propércio. O romance moderno, dito "burguês", nasce na Inglaterra em circunstâncias econômicas bem peculiares. Os autores vão escrever romances para as mulheres dos comerciantes ou marinheiros, que estão por definição viajando, mulheres que sabem ler e que têm tempo para isso. Mas também para suas aias, ambas dispondo de lamparinas para lerem à noite. E quando se descobre que mister Richardson contando a história de uma camareira ganha dinheiro, imediatamente apresentam-se outros pretendentes ao trono.

JCC: As correntes criativas nasceram frequentemente de pequenos grupos de pessoas que se conheciam e partilhavam, no mesmo momento, os mesmos desejos. Quase companheiros. Todos os surrealistas com quem convivi me disseram que haviam se sentido chamados a Paris, pouco tempo depois da Primeira Guerra Mundial. Man Ray vinha dos Estados Unidos, Max Ernst da Alemanha, Buñuel e Dalí da Espanha, Benjamin Péret de Toulouse, para encontrar em Paris seus semelhantes, aqueles com quem iriam inventar imagens e linguagens novas. Foi o mesmo fenômeno no caso da "beat generation", da Nouvelle Vague, dos cineastas italianos que se reúnem em Roma etc. Até com os poetas iranianos dos séculos XII e XIII, que surgem do nada. Tenho vontade de citar esses poetas admiráveis que são Attar, Rumi, Saadi, Hafez, Omar Khayyam. Todos se conheciam e todos confessaram o que você está apontando, isto é, a influência decisiva do predecessor. Em seguida, subitamente, as condições mudam, a inspiração se esgota, os grupos às vezes racham, sempre se dispersam, e a aventura termina. No caso do Irã, as terríveis invasões mongóis desempenharam seu papel.

UE: Lembro de um belo livro de Allan Chapman que mostrava como em Oxford, no início do século XVII, em torno da Royal Society, houvera um desenvolvimento extraordinário das ciências físicas em virtude da presença de uma série de cientistas de primeira linha que se influenciavam mutuamente. Trinta anos mais tarde, tinha acabado. Mesma experiência em Cambridge com a matemática, no início do século XX.

JCC: Nesse sentido, o gênio isolado parece inconcebível. Os poetas da Pléiade, Ronsard, du Bellay, Marot, são amigos. Mesma coisa com os clássicos franceses. Molière, Racine, Corneille, Boileau, todos se conhecem, a ponto de dizerem — absurdamente — que Corneille escrevera as peças de Molière. Os grandes romancistas russos mantinham uma correspondência, e até com seus pares na França: Turguêniev e Flaubert, por exemplo. Se um autor quiser evitar ser vítima de uma filtragem, é aconselhável que se alie, se filie a um grupo, que não fique isolado.

UE: O mistério Shakespeare resulta do fato de não compreendermos como um simples ator pôde parir essa obra genial. Chegamos a especular que o teatro de Shakespeare poderia ter sido escrito por Francis Bacon. Mas não. Shakespeare não estava isolado. Vivia em meio a uma sociedade erudita, convivia com os outros poetas elisabetanos.

JCC: Agora, uma pergunta para a qual não conheço resposta. Por que uma época parece eleger uma linguagem artística excluindo todas as demais? A pintura e a arquitetura na Itália do Renascimento; a poesia na Inglaterra no século XVI; o teatro na França no século XVII; a filosofia em seguida; o romance na Rússia e na França no século seguinte etc. Sempre me perguntei, por exemplo, o que Buñuel poderia ter feito na vida se o cinema não existisse. Lembro-me também das opiniões definitivas de François Truffaut: "Não existe cinema inglês, não existe teatro francês." Como se o teatro fosse inglês e o cinema, francês. O que obviamente é muito radical.

UE: Você tem razão ao dizer que é impossível resolvermos esse enigma. Isso nos levaria a explicar uma infinidade de fatores. Mais ou menos como prever a posição de uma bola de tênis no oceano, num dado momento. Por que não há grande pintura no tempo de Shakespeare, enquanto na Itália na época de Dante havia Giotto e, na época de Ariosto, Rafael? Como nasce a escola francesa? Você pode até explicar que Francisco I mandou chamar Leonardo da Vinci à França e que este parece semear o que se tornará a escola francesa. Mas o que você terá explicado?

JCC: Detenho-me por um instante, não sem nostalgia, no nascimento do cinema italiano. Por que ele surgiu na Itália e logo depois do fim da guerra? Influências de séculos de pintura vindo ao encontro de uma extraordinária paixão de jovens cineastas pela vida de um povo? Excessivamente sumário. Podemos analisar as circunstâncias, as verdadeiras razões sempre nos irão escapar. Ainda mais se nos perguntarmos: e por que desapareceu tão bruscamente?

Já me aconteceu muito comparar a Cinecittà a um grande ateliê onde trabalhariam ao mesmo tempo Ticiano, Veronese, Tintoretto e todos os discípulos. Você provavelmente sabe que, quando o papa chamou Ticiano a Roma, conta-se que o cortejo que o acompanhava tinha sete quilômetros de comprimento. Era como um grande estúdio em movimento. Mas isso basta para explicar o nascimento do neorrealismo e da comédia italiana? E o surgimento de Visconti, Antonioni, Fellini?

JPT: *É possível imaginar uma cultura que não tivesse engendrado nenhuma forma de arte?*

UE: É muito difícil de dizer. Pensou-se isso acerca de determinadas regiões do mundo. Bastou ir até lá e pesquisar um pouco para descobrir que lá existiam tradições que éramos os únicos a ignorar.

JCC: Também é preciso levar em consideração que, nas culturas tradicionais antigas, o culto dos grandes criadores não existe. Nelas, imensos artistas puderam exprimir-se sem "assinar" suas obras. E principalmente sem se considerarem, e sem serem considerados, artistas.

UE: Eles tampouco têm a cultura da inovação, que é a marca do Ocidente. Portanto, há culturas em que a ambição dos "artistas" é repetir fidedignamente o mesmo motivo decorativo e transmitir esse saber herdado de seus pares a seus alunos. Se existem variações em sua arte, a gente não percebe. Durante uma viagem à Austrália, fiquei particularmente tocado com a experiência de vida dos aborígenes, não os atuais, quase todos dizimados pelo álcool e pela civilização, mas os que viveram naquelas terras antes de os ocidentais nelas desembarcarem. Ora, o que faziam eles? No imenso deserto australiano, nômades que eram, empreendiam suas explorações girando sempre em círculo. À noite capturavam um lagarto, uma serpente para comer e, pela manhã, voltavam a partir. Se, em vez de girarem em círculo, tivessem por um instante seguido uma linha reta, teriam alcançado o mar, onde um festim os esperava. Em todo caso, hoje e ontem, sua arte é feita de círculos que nos lembram uma espécie de pintura abstrata, por sinal belíssima. Um dia, durante essa viagem, fomos a uma reserva onde havia uma igreja cristã com seu padre. Este nos mostrou um grande mosaico, no fundo da construção, onde naturalmente só se viam círculos. O padre nos disse que aqueles círculos, segundo os aborígenes, representavam a Paixão de Cristo, embora ele não pudesse explicar por quê. Meu filho, então adolescente e sem grande educação religiosa, constatou que os círculos eram em número de 14. Eram evidentemente as 14 estações da *via crucis*.

O caminho da cruz era ilustrado, por eles, como uma espécie de movimento perpétuo e circular escalonado por 14 estações. Portanto, eles não conseguiam se desvencilhar de seus próprios motivos, de seu imaginário. Mas ainda assim havia, numa tradição de repetição, alguma inovação. Tentemos não divagar muito. Volto ao barroco. Explicamos a ausência do barroco na França dizendo que a monarquia constituíra-se num poder central muito forte, poder que não podia se identificar senão com um certo classicismo. Foi provavelmente pelas mesmas razões que o período que você mencionou, o fim do século XVII e o início do XVIII, não conheceu genuína inspiração poética. A grandeza da França exigia então um estilo de disciplina incompatível com a vida artística.

JCC: Quase poderíamos dizer que o período de maior magnificência da França foi quando ela se viu privada de poesia. Quando ficou praticamente sem emoção, sem voz. Simultaneamente, a Alemanha atravessava a revolução do Sturm und Drang. Às vezes me pergunto se não há no poder contemporâneo, representado por homens como Berlusconi e Sarkozy, que na menor oportunidade gabam-se de não ler, uma certa nostalgia desse tempo, quando as vozes insolentes haviam se calado, quando o poder era ignaro. Nosso presidente parece demonstrar uma antipatia natural, em certas ocasiões, por *A princesa de Clèves*. Homem apressado, não vê utilidade nessa leitura e volta a isso com uma insistência perturbadora. Imaginemos todos os autores que poderíamos empilhar, ao lado de Madame de Lafayette, no grande fosso, no longo silêncio dos inúteis. A propósito: você escapou, na Itália, do Rei Sol.

UE: Em vez disso, conhecemos príncipes solares que, à frente das cidades, estimularam uma criatividade excepcional, e isso até o século XVII. Depois, foi apenas uma lenta decadência. O equivalente do seu Rei Sol era o papa. Portanto, não é um acaso que, sob o reinado dos maiores soberanos pontífices, a arquitetura e a pintura tenham sido particularmente fecundas. Mas não a literatura. A grande época literária da Itália é aquela em que os poetas trabalham na casa dos senhores das pequenas cidades, como Florença e Ferrara — e não em Roma.

JCC: Continuamos a falar da filtragem, mas como operar quando se trata de uma época em relação à qual não temos recuo? Imaginemos que me peçam para apresentar Aragon numa história da literatura francesa. O que vou contar? Aragon e Eluard, egressos do surrealismo, escreveram, mais tarde, horríveis hipérboles comunistoides: "O universo de Stálin renasce sempre..." Eluard permanecerá sem dúvida como poeta, Aragon talvez como romancista. Entretanto, o que lembro dele, agora, são as letras de canções, que Brassens e outros musicaram. *Il n'y a pas d'amour heureux* ou *Est-ce ainsi que les hommes vivent?*. Ainda gosto muito daqueles textos que acompanharam e floriram minha mocidade. Mas claro que me dou conta de que se trata de um simples episódio na história da literatura. O que sobrará para as novas gerações?

Outro exemplo, no cinema. Quando fiz o serviço militar, há cinquenta anos, o cinema tinha aproximadamente cinquenta anos. Tínhamos então grandes mestres, a quem aprendíamos a admirar e cujas obras dissecávamos. Um desses mestres era René Clair. Buñuel dizia que três diretores podiam fazer o que quisessem, estou falando dos anos 1930: Chaplin, Walt Disney e René Clair. Hoje, nas escolas de cinema, ninguém sabe quem é René Clair. Foi jogado, diria o Pai Ubu, para escanteio. Mal se lembram de seu nome. Mesma coisa com os "alemães" dos anos 1930, amados especialmente por Buñuel: Georg Wilhelm Pabst, Fritz Lang e Murnau. Quem os conhece, os cita, quem os toma como exemplo? Fritz Lang sobrevive, tudo bem, pelo menos na memória dos cinéfilos, graças ao *Vampiro de Düsseldorf*. Mas e os outros? A filtragem então é feita de maneira imperceptível, invisível, no próprio seio das escolas de cinema, e são os estudantes que decidem. De uma hora para outra, um desses "filtrados" reaparece porque um de seus filmes foi distribuído aqui ou ali, e surpreendeu. Porque um livro foi publicado sobre esse diretor. Mas é muito raro. Logo, é possível dizer que, no exato momento em que o cinema começa a entrar na história, ele já cai no esquecimento.

UE: A mesma coisa na passagem do século XIX para o XX com as três coroas que eram na Itália D'Annunzio, Carducci e Pascoli. D'Annunzio foi o grande poeta nacional até o fascismo. Depois da guerra, Pascoli foi redescoberto como a vanguarda da poesia do século XX. Carducci na época era visto como um retórico, e sumiu. Mas existe agora um movimento pró-Carducci para dizer que, no fim das contas, ele não era nada mau.

As três coroas da geração seguinte foram Giuseppe Ungaretti, Eugenio Montale e Umberto Saba. Todos se perguntavam qual dos três merecia o Nobel e, em 1959, ele foi para Salvatore Quasimodo. Montale, que é provavelmente o maior poeta italiano do século XX (e na minha opinião um dos primeiríssimos poetas do século XX em geral), recebeu seu Nobel apenas em 1975.

JCC: Para minha geração, o primeiro cinema do mundo, durante 25 ou trinta anos, foi o cinema italiano. Todo mês esperávamos o lançamento de dois ou três filmes italianos que não queríamos perder sob nenhum pretexto. Eles faziam parte das nossas vidas, mais ainda que de nossa cultura. Um triste dia, esse cinema se esgotou e foi rapidamente ofuscado. Dizem que a televisão italiana, que coproduzia os filmes, foi amplamente responsável por isso. Mas esse cinema também sofreu, com toda a certeza, o fenômeno misterioso de esgotamento que mencionamos. De uma hora para outra, as forças vivas claudicam, os autores envelhecem, os atores também, as obras se repetem, alguma coisa de essencial perdeu-se no caminho. Esse cinema italiano não existe mais, mas foi um dos maiores.

O que resta daqueles trinta anos que nos fizeram rir e vibrar? Fellini continua a me enfeitiçar. Antonioni ainda me parece respeitado. Você viu *O olhar de Michelangelo*, seu último curta-metragem? É um dos filmes mais lindos do mundo! Antonioni realizou em 2000 esse filme, que não dura mais de 15 minutos, sem uma palavra, onde ele dirige ele mesmo, pela única vez em sua vida. Ele entra na igreja de São Pedro dos Leões, em Roma, sozinho. Aproxima-se lentamente do túmulo de Júlio II, e o filme inteiro é um diálogo, sem uma palavra pronunciada, um vaivém de olhares entre Antonioni e o *Moisés* de Michelangelo. Tudo o que dizemos aqui, esse frenesi de aparecer e falar que marca nossa época, essa agitação sem objeto, é questionado pelo próprio silêncio e o olhar do cineasta. Ele veio dizer adeus. Não voltará mais, e sabe disso. Veio fazer uma última visita, ele que está de partida, à obra-prima incompreensível, que restará. Como para interrogá-la uma última vez. Como para tentar desvendar um mistério ao qual as palavras não têm acesso. O olhar que Antonioni lança para ela, antes de sair, é patético.

UE: Acho que nos esquecemos um pouquinho de Antonioni, estes últimos anos. Fellini, ao contrário, não parou de crescer depois de sua morte.

JCC: É o meu predileto, sem dúvida, ainda que não esteja sempre em seu verdadeiro lugar.

UE: Durante sua vida, numa época de extremo engajamento político, Fellini era percebido como um sonhador que não estava interessado na realidade social. A redescoberta de seu cinema depois de sua morte permitiu reavaliar sua obra. Revi recentemente *A doce vida* na televisão. É uma obra-prima imensa.

JCC: Quando falamos de cinema italiano, muitos pensam em primeiro lugar em Pietro Germi, em Luigi Comencini, em Dino Risi, na comédia italiana. Tenho um pouco de medo que terminem por esquecer aqueles que para nós, na época, eram semideuses. Um cineasta como Milos Forman teve vontade de fazer cinema ao ver em sua adolescência os filmes do neorrealismo italiano, particularmente os de Vittorio de Sica. Para ele, havia o cinema italiano de um lado, e Chaplin do outro.

UE: Voltamos à nossa hipótese. Quando o Estado é excessivamente poderoso, a poesia se cala. Quando o Estado está em crise total, como é o caso na Itália depois do pós-guerra, então a arte é livre para dizer o que deve dizer. A *grande saison* do neorrealismo se dá quando a Itália está em frangalhos. Ainda não entráramos na era conhecida como do milagre italiano (isto é, o renascimento industrial e comercial dos anos 1950). *Roma cidade aberta* é de 1945, *Paisà* de 1947, *Ladrões de bicicleta* de 1948. Veneza no século XVIII ainda era uma grande potência comercial, mas já a caminho da decadência. Não obstante, ela teve Tiepolo, Canaletto, Guardi e Goldoni. Por conseguinte, quando o poder se retrai, algumas artes veem-se estimuladas, outras não.

JCC: Durante a época em que Napoleão exerce um poder absoluto, isto é, entre 1800 e 1814, não há um único livro publicado na França ainda lido nos dias de hoje. A pintura é pomposa, em seguida grandiloquente. David, que era um grande pintor antes de *O Sacro*, torna-se completamente insípido e superficial. Terminará tristemente na Bélgica pintando puerilidades antigas. Nada de música. Nada de teatro. As peças de Corneille são reapresentadas, Napoleão, quando vai ao teatro, vai ver *Cinna*. Madame de Staël é obrigada a se exilar. Chateaubriand é detestado pela autoridade. Sua obra-prima, as *Memórias de além-túmulo*, que ele começa a redigir secretamente, será publicada apenas parcialmente com ele ainda em vida, e bem mais tarde. Os romances que fizeram sua glória são lamentavelmente ilegíveis hoje. Estranho caso de filtragem: o que ele escrevia para seus numerosos leitores nos repugna e o que ele escrevia solitariamente, para si mesmo, nos encanta.

UE: É a história de Petrarca. Ele passou a vida trabalhando em sua grande obra em latim, *Africa*, convencido de que se tornaria a nova *Eneida*, que traria sua glória. Só escrevia os sonetos que o tornaram para sempre célebre quando não tinha nada de melhor para fazer.

JCC: A noção de filtragem que debatemos me faz naturalmente pensar nesses vinhos que filtramos antes de beber. Existe agora um vinho que apresenta essa qualidade de ser "não filtrado". Preserva todas as suas impurezas, que às vezes contribuem com sabores muito particulares que a filtragem, na sequência, lhe subtrai. Talvez tenhamos saboreado na escola uma literatura demasiadamente filtrada e, por esse motivo, carente de sabores impuros.

Todo livro publicado hoje é um pós-incunábulo

JPT: *Essa conversa perderia provavelmente sua pertinência se ignorássemos que vocês são não apenas autores, mas também bibliófilos, que dedicaram seu tempo e dinheiro para reunir em suas casas livros raríssimos e muito caros, e isso obedecendo a lógicas peculiares que eu gostaria que revelassem.*

JCC: Para começar, uma história que me foi contada por Peter Brook. Edward Gordon Craig, grande homem de teatro, o Stanislávski do teatro inglês, estava em Paris durante a guerra de 1939-1945 e não sabia o que fazer. Tinha um pequeno apartamento, um pouco de dinheiro, não podia evidentemente voltar para a Inglaterra e, para se distrair, frequentava buquinistas do cais do Sena. Encontrou e comprou, por acaso, duas coisas. A primeira foi um catálogo das ruas de Paris na época do Diretório, com a lista das pessoas que moravam neste ou naquele número. A segunda foi um caderno de um marceneiro da mesma época, onde este anotara seus compromissos.

Craig pôs lado a lado o catálogo e o caderno e passou dois anos estabelecendo os itinerários precisos do marceneiro. Com base em informações fornecidas involuntariamente pelo artesão, pôde reconstituir histórias de amor e até de adultério sob o Diretório. Peter Brook, que conheceu bem Craig e pôde constatar a minúcia de seu levantamento, me afirmou que as histórias assim reveladas eram fascinantes. Se para ir de tal lugar a tal outro, onde o aguardava seu cliente, ele só precisasse de uma hora e tivesse levado na realidade o dobro do tempo, era provavelmente porque tinha parado no caminho. Mas para fazer o quê?

Como Craig, gosto de tomar posse de um livro que pertenceu a outro antes de mim. Gosto particularmente da literatura popular, até mesmo grotesca e burlesca, francesa, do início do século XVII, literatura que, como falei, permanece muito desconsiderada. Descobri um dia um desses livros, que tinha sido encadernado sob o Diretório, portanto quase dois séculos mais tarde, em nada menos que marroquim, dignidade considerável para livro tão barato na época. Houve então alguém, sob o Diretório, que partilhou o mesmo gosto que eu, numa época em que essa literatura não interessava rigorosamente a ninguém.

Pessoalmente, vejo nesses textos um ritmo errático, imprevisível, que não se parece com nada, uma alegria, uma insolência, todo um vocabulário que o classicismo baniu. A língua francesa foi mutilada por eunucos como Boileau, que filtravam em função de determinada ideia da "arte". Foi preciso esperar Victor Hugo para redescobrir um pouco dessa riqueza popular confiscada.

Também tenho, outro exemplo, um livro do escritor surrealista René Crevel que pertenceu a Jacques Rigaut, e com a dedicatória daquele a este. Ora, ambos se suicidaram. Esse livro, e apenas ele, cria para mim uma espécie de laço secreto, fantasioso mas sangrento, entre dois homens que a morte, misteriosamente, aproximou.

UE: Tenho livros que adquiriram certo valor para mim menos por causa de seu conteúdo ou da raridade da edição do que em função dos vestígios nele deixados por um desconhecido, sublinhando o texto às vezes com diferentes cores, escrevendo notas na margem... Tenho, por exemplo, um velho Paracelso cujas páginas lembram um rendado, as intervenções do leitor parecendo bordadas com o teto impresso. Pondero sempre: tudo bem, não devemos sublinhar ou escrever nas margens de um livro antigo precioso. Ao mesmo tempo, pensemos no que seria o exemplar de um livro antigo com notas do punho de James Joyce... Nesse caso, minhas ressalvas caem por terra!

JCC: Alguns afirmam que há dois tipos de livros. O livro que o autor escreve e o que o leitor possui. Para mim, o personagem interessante é também quem o possui. É o que se chama a "proveniência". Tal livro "pertenceu a Fulano". Se você possui um livro que provém da biblioteca pessoal de Mazarin, você possui um pedaço de rei. Os grandes encadernadores parisienses do século XIX não aceitavam encadernar qualquer livro. O simples fato de que um livro seja encadernado por Marius Michel ou Trautz-Bauzonnet é a prova, ainda hoje, de que ele tinha certo valor a seus olhos. Foi um pouco o que contei a respeito daquele encadernador iraniano, que tomava o cuidado de ler e redigir um resumo. E calma lá: se você quisesse mandar seu livro ser encadernado por Trautz-Bauzonnet, tinha às vezes que esperar cinco anos.

UE: Possuo um incunábulo do *Malleus maleficarum*, esse grande e nefasto manual destinado a inquisidores e caçadores de bruxas, encadernado por um "Moisés Chifrudo", em outras palavras, um judeu que trabalhava exclusivamente para as bibliotecas cistercienses e que assinava todas as encadernações (o que era particularmente raro nessa época, isto é, no fim do século XV) com a imagem justamente de um Moisés com chifres. Há toda uma história em torno disso.

JCC: Através da história do livro, como você mostrou muito bem com *O nome da rosa*, é possível reconstituir a história da civilização. Junto com as religiões do Livro, o livro serviu não apenas de continente, de receptáculo, mas também de "grande angular" a partir da qual podemos observar e contar tudo, até mesmo decidir tudo. Ele era ponto de partida e chegada, era o espetáculo do mundo, e até mesmo do fim do mundo. Mas volto um instante ao Irã e ao país de Mani, o fundador do maniqueísmo, um herético cristão que os mazdeanos consideravam um dos seus. A grande censura que Mani fazia a Jesus era, precisamente, não ter escrito.

UE: Na areia, uma vez.

JCC: Ah, se Jesus tivesse escrito, dizia ele, em vez de delegar essa tarefa a outros! Que prestígio, que autoridade, que palavra indiscutível! Mas enfim. Ele preferia falar. O livro ainda não era o que denominamos livro e Jesus não era Virgílio. A propósito justamente dos ancestrais do livro, dos *volumina* romanos, volto um instante a essa questão da adaptação reivindicada pelos progressos crescentes das técnicas. Há um paradoxo aí também. Quando fazemos desfilar um texto na nossa tela, não encontramos alguma coisa do que os leitores de *volumina*, de rolos, praticavam antigamente, em outras palavras, a necessidade de desenrolar um texto enrolado em torno de um suporte de madeira, como vemos ainda em certos velhos cafés de Viena?

UE: Exceto que a forma de desenrolar não é vertical, como nos nossos computadores, mas lateral. Basta lembrar dos Evangelhos sinóticos, apresentados em colunas justapostas e que eram lidos da esquerda para a direita desenrolando-se o rolo. E, como os rolos eram pesados, tinham que ser apoiados, talvez sobre mesas.

JCC: Ou então mandavam dois escravos desenrolar.

UE: Sem esquecer que a leitura, até santo Ambrósio, era feita em voz alta. Foi ele primeiro a começar a ler sem pronunciar as palavras. O que mergulhara santo Agostinho em abismos de perplexidade. Por que em voz alta? Quando você recebe uma carta escrita à mão, e cheia de garranchos, às vezes você é obrigado a se ajudar lendo-a em voz alta. Eu pratico muito leitura em voz alta quando recebo cartas de correspondentes franceses, os últimos no mundo a ainda escreverem à mão.

JCC: Somos realmente os últimos?

UE: Sim. Isso é herança de certa educação, não desgosto disso. Era, aliás, o conselho que também nos davam antigamente. Uma carta batida a máquina podia parecer uma correspondência comercial. Nos outros países, admite-se que, para ser lido e compreendido, é preferível escrever cartas fáceis de ler, e que portanto o computador é nosso melhor aliado. Os franceses, não. Os franceses continuam a lhe enviar cartas manuscritas que agora você é incapaz de decifrar. Independentemente do caso raríssimo da França, em todos os outros lugares perdeu-se não apenas o hábito de escrever cartas à mão, como também de lê-las. O tipógrafo de antigamente era, por sua vez, capaz de decifrar todas as caligrafias do mundo.

JCC: Uma coisa continua sendo escrita à mão, mas nem sempre: é a receita do médico.

UE: A sociedade inventou os farmacêuticos para decifrá-las.

JCC: Se a correspondência manuscrita se perder, serão profissões inteiras que vão desaparecer. Grafólogos, escrivães públicos, colecionadores e marchands de autógrafos... O que eu sinto falta, com o uso do computador, é do rascunho. Sobretudo para as cenas dialogadas. Sinto falta daquelas emendas, daquelas palavras lançadas na margem, daquela primeira desordem, daquelas flechas partindo em todas as direções e que são uma marca de vida, de movimento, de procura ainda confusa. E outra coisa: a visão de conjunto. Quando escrevo uma cena para o cinema, e preciso de seis páginas para contá-la, gosto de ter essas seis páginas escritas na minha frente para apreciar seu ritmo, para detectar com o olhar eventuais trechos arrastados. O computador não me permite isso. Tenho que imprimir as páginas e dispô-las diante de mim. O que você ainda escreve à mão?

UE: Minhas anotações para minha secretária. Mas não só isso. Começo sempre um novo livro com anotações manuscritas. Faço desenhos, diagramas que não são fáceis de realizar com o computador.

JCC: Essa história dos rascunhos me lembra uma visita de Borges, em 1976 ou 1977. Eu tinha acabado de comprar minha casa em Paris, e ela estava em obras, numa grande desordem. Eu tinha ido buscar Borges, em seu hotel. Chegamos, atravessamos o quintal, ele estava apoiado no meu braço, já que praticamente não enxergava, subimos a escada e, sem me dar conta da minha gafe, julguei por bem me desculpar da bagunça, que ele evidentemente não podia ver. Ele me respondeu: "Eu compreendo. É um rascunho." Tudo, até uma casa em obras, o conduzia à literatura.

UE: A respeito de rascunhos, eu gostaria de evocar um fenômeno altamente evocativo ligado às mudanças culturais induzidas pelas novas técnicas. Nós utilizamos o computador, mas imprimimos como loucos. Para um texto de dez páginas, imprimo cinquenta vezes. Estou matando uma dúzia de árvores, ao passo que talvez não matasse mais de dez antes da entrada do computador na minha vida.

O filólogo italiano Gianfranco Contini praticava o que chamava de "crítica dos *scartafacci*", isto é, o estudo das diferentes fases pelas quais a obra passou antes de alcançar a forma definitiva. Como poderíamos empreender esse estudo das variantes com o computador? Pois bem, contrariando todas as expectativas, o computador não suprime as etapas intermediárias, multiplica-as. Quando eu estava escrevendo *O nome da rosa*, isto é, num período em que não podia dispor de um tratamento de texto, delegava a alguém a tarefa de redatilografar o manuscrito sobre o qual eu retrabalhara. Depois disso, corrigia a nova versão e a entregava novamente para ser redatilografada. Mas não era possível prosseguir indefinidamente. Num dado momento, eu era obrigado a considerar a versão que tinha nas mãos como a definitiva. Não aguentava mais.

Com o computador, ao contrário, imprimo, corrijo, integro minhas correções, imprimo de novo e assim por diante. Isso significa que multiplico os rascunhos. Dessa forma, podemos ter duzentas versões de um mesmo texto. Você dá ao filólogo um trabalho extra. E, mesmo assim, a história não termina aí. Por quê? Existirá sempre uma "versão fantasma". Escrevo um texto A no computador. Imprimo-o. Corrijo-o. Tenho então um texto B e vou integrar as correções no computador: depois, imprimo novamente e julgo ter nas mãos um texto C (é no que acreditarão os filólogos do futuro). Porém, na realidade, trata-se de um texto D, porque, no momento de passar as correções no computador, eu certamente terei tomado liberdades e modificado mais um pouco. Logo, entre B e D, entre o texto que corrigi e a versão que, no computador, terá integrado essas correções, há uma versão fantasma que é a verdadeira versão C. Mesma coisa com relação às sucessivas correções. Portanto, os filólogos terão que reconstruir outras tantas versões fantasmas de ida e volta da tela para o papel.

JCC: Uns 15 anos atrás, uma escola de escritores americanos opôs-se ao computador sob o pretexto de que os diferentes estados do texto apareciam na tela já impressos, aureolados por uma autêntica dignidade. Assim, parecia difícil criticá-los, corrigi-los. A tela dava-lhes a autoridade, o prestígio de um texto já quase editado. Outra escola, ao contrário, considera que o computador oferece, como você está dizendo, a possibilidade de correções e aperfeiçoamentos infinitos.

UE: Ora, mas é claro, uma vez que o texto que vemos na tela já é o texto de um outro. Você vai então poder exercer toda a sua ferocidade crítica contra ele.

JPT: *Você falou, Jean-Claude, do livro antes do livro, antes mesmo do códice, isto é, rolos de papiros,* volumina. *Esta é provavelmente a parte da história do livro que nos é menos familiar.*

UE: Em Roma, por exemplo, existiam, ao lado das bibliotecas, lojas onde livros eram vendidos sob a forma de rolos. Um aficionado encomendava ao livreiro, digamos, um exemplar de Virgílio. O livreiro pedia-lhe para voltar a passar dentro de 15 dias que o livro seria copiado especialmente para ele. Talvez tivessem em estoque alguns exemplares das obras mais pedidas. Temos ideias muito imprecisas sobre a compra dos livros, e isto até mesmo depois da invenção da tipografia. Aliás, os primeiros livros impressos não eram comprados encadernados. E a variedade das encadernações dos livros que colecionamos é uma das razões que explicam a felicidade que podemos extrair da bibliofilia. Essa encadernação pode fazer uma diferença considerável entre dois exemplares do mesmo livro, tanto para o colecionador quanto para o antiquário. Foi entre os séculos XVII e XVIII, acho, que surgiram as primeiras obras vendidas já encadernadas.

JCC: É o que é conhecido como "as encadernações do editor".

UE: São estas que podemos ver nas bibliotecas dos novos-ricos, compradas a metro nos buquinistas pelo decorador de apartamento. Mas havia também outra forma de personalizar os livros impressos: era deixar as capitulares não impressas nas páginas de abertura para permitir aos iluminadores fazerem o dono achar que ele detinha na realidade um manuscrito único. Todo esse trabalho, evidentemente, era feito à mão. Idem se o livro incluísse gravuras: eram todas coloridas.

JCC: Convém igualmente esclarecer que os livros eram muito caros e que apenas reis, príncipes e banqueiros ricos podiam adquiri-los. O preço desse pequeno incunábulo que peguei na minha biblioteca era, no momento em que foi fabricado, provavelmente mais elevado do que hoje. Consideremos o número de bezerros que devem morrer para tornar possível esse tipo de trabalho, em que todas as páginas são impressas sobre pele de velino, isto é, de bezerro natimorto. Régis Debray perguntou-se o que teria acontecido se os romanos e gregos tivessem sido vegetarianos. Não teríamos nenhum dos livros que a Antiguidade nos legou em pergaminho, isto é, numa pele de animal curtida e resistente.

Livros caros portanto, mas ao lado dos quais existiam, e isso desde o século XV, livros de caixeiros-viajantes, não encadernados, utilizando papel ruim e vendidos por alguns tostões. Estes viajavam nas alcofas dos caixeiros-viajantes através de toda a Europa. Da mesma forma, alguns eruditos atravessavam a Mancha e os Alpes para visitar um mosteiro italiano onde se achava uma obra particularmente rara e da qual eles tinham a mais urgente necessidade.

UE: Conhecemos a bela história de Gerbert d'Aurillac, o papa do ano mil, Silvestre II. Ele foi informado de que uma cópia da *Farsala* de Lucano estava nas mãos de um sujeito que estava disposto a se desfazer dela. Prometeu em troca uma esfera armilar (um astrolábio esférico) de couro. Recebeu um manuscrito e descobriu que faltavam os dois últimos cantos. Ignorava que Lucano suicidara-se antes de escrevê-los. Então, para se vingar, enviou apenas metade da esfera. Esse Gerbert era um cientista e um erudito, mas também um colecionador. O ano mil é geralmente apresentado como um período neandertaliano. Não é evidentemente o caso. Temos aqui a prova disso.

JCC: Da mesma forma, é inexato imaginar um continente africano sem livros, como se os livros tivessem sido a marca distintiva de nossa civilização. A biblioteca Tombuctu expandiu-se ao longo de toda a sua história com livros que os estudantes, que desde a Idade Média vinham visitar os sábios negros do Mali, traziam consigo como moeda de troca e que deixavam lá.

UE: Visitei essa biblioteca. Um dos meus sonhos sempre foi ir a Tombuctu antes de morrer. A esse propósito, tenho uma história que aparentemente não tem nada a ver com seu assunto, mas que nos diz alguma coisa sobre o poder dos livros. Foi no Mali que tive a oportunidade de descobrir o país dos dogons, cuja cosmologia tinha sido descrita por Marcel Griaule em seu célebre *Deus de água.* Ora, os detratores dizem que Griaule tinha inventado muito. Mas se hoje você for interrogar um velho dogon sobre sua religião, ele vai lhe contar exatamente o que Griaule escreveu — isto é, o que Griaule escreveu tornou-se a memória histórica dos dogons... quando você chega lá (no topo de um penhasco extraordinário), você se vê cercado por crianças lhe pedindo todo tipo de coisas.

Interpelei uma dessas crianças para lhe perguntar se era muçulmana. "Não", ela respondeu, "sou animista." Ora, para que um animista possa dizer que é animista, tem que ter feito quatro anos na Ecole Pratique des Hautes Etudes porque é simplesmente impossível um animista saber que o é, assim como era impossível o homem de Neandertal saber que era um homem de Neandertal. Eis uma cultura oral doravante determinada por livros.

Mas voltemos aos livros antigos. Explicamos que os livros impressos circulavam mais nos meios cultos. Mas certamente circulavam bem mais que os manuscritos, isto é, os códices que os precederam, e portanto a invenção da tipografia representa sem sombra de dúvida uma verdadeira revolução democrática. Não podemos conceber a Reforma protestante e a difusão da Bíblia sem o socorro da tipografia. No século XVI, o tipógrafo veneziano Aldo Manuce terá inclusive a grande ideia de fazer o livro de bolso, muito mais fácil de transportar. Ao que eu saiba, nunca se inventou meio mais eficiente de transportar a informação. Até o computador, com todos os seus gigabytes, tem que ser conectado. Não há esse problema com o livro. Repito. O livro é como a roda. Uma vez que você o inventou, não pode ir mais longe.

JCC: A respeito da roda, este é um dos grandes enigmas que os especialistas das civilizações pré-colombianas têm para resolver. Como explicar que nenhuma delas tenha inventado a roda?

UE: Talvez porque a maioria dessas civilizações vivesse tão empoleirada que a roda não pudesse concorrer com a lhama.

JCC: Mas há grandes extensões de planície no México. É um enigma bizarro, uma vez que eles não ignoraram a roda para confeccionar certos brinquedos.

UE: Sabia que Heron de Alexandria, no século I antes de Cristo, foi o pai de uma quantidade de invenções incríveis, mas que permaneceram na condição de brinquedos?

JCC: Conta-se inclusive que ele tinha inventado um templo cujas portas se abriam automaticamente, como as de nossas garagens de hoje. Isso para dar mais prestígio aos deuses.

UE: Talvez porque fosse mais fácil mandar os escravos executarem determinados trabalhos do que empreender essas invenções.

JCC: Como a Cidade do México situa-se a 400 quilômetros de cada oceano, eles faziam um revezamento de corredores, que traziam o peixe fresco à mesa do imperador em menos de um dia. Cada um deles corria a toda velocidade durante 400 ou 500 metros, depois passava sua carga. Isso confirma sua hipótese.

Volto à difusão dos livros. A essa roda do saber que é perfeita, como você diz. Convém lembrar que o século XVI e já o XV são na Europa épocas particularmente tumultuadas, quando aqueles que chamaríamos de intelectuais mantêm relações epistolares frequentes. Escrevem-se em latim. E o livro, nesses tempos difíceis, é um objeto que circula com desenvoltura por toda parte. É um instrumento de salvaguarda. Da mesma forma, no fim do Império Romano, alguns intelectuais retiram-se para os conventos para copiar tudo que podiam salvar de uma civilização que desmorona, eles sentem isso. Isso acontece em praticamente todas as épocas em que a cultura acha-se em perigo.

Pena que o cinema não tenha conhecido esse princípio de salvaguarda. Conhece esse livro publicado nos Estados Unidos terrivelmente intitulado *Fotografias dos filmes perdidos*? Não restam desses filmes senão poucas imagens a partir das quais devemos tentar reconstituir o próprio filme. É um pouco a história do nosso encadernador iraniano.

Mas tem mais. A "novelização" de filmes, isto é, o livro ilustrado extraído de um filme, é um procedimento já antigo. Remonta aos tempos do cinema mudo. Ora, conservamos alguns desses livros, extraídos de filmes, ao passo que os filmes em si desapareceram. O livro sobreviveu ao filme que o inspirou. Já existe, portanto, uma arqueologia do cinema. Por fim, uma pergunta que lhe faço e para a qual não encontrei resposta: era possível entrar na Biblioteca de Alexandria, como entramos na Biblioteca Nacional, sentar e ler um livro?

UE: Também não sei e me pergunto se sabemos. Primeiro devemos nos perguntar quantas pessoas sabiam ler. Tampouco sabemos quantos volumes possuía a Biblioteca de Alexandria. Somos mais bem informados sobre as bibliotecas medievais, e é sempre menos do que pensamos.

JCC: Fale-me de sua coleção. Quantos incunábulos propriamente ditos você possui?

JPT: *Vocês já fizeram várias referências aos "incunábulos". Compreendemos do que se trata, de livros antigos. Mas podemos ser mais precisos?*

UE: Um jornalista italiano, homem muito culto por sinal, escreveu um dia a respeito de uma biblioteca na Itália que possuía incunábulos do século XIII! Julga-se frequentemente que um incunábulo é um manuscrito iluminado...

JCC: São ditos "incunábulos" todos os livros impressos entre a invenção da tipografia e a noite de 31 de dezembro de 1500. "Incunábulo", do latim *incunabula*, representa o "berço" da história do livro impresso, em outros termos, todos os livros impressos até o século XV. Aceita-se que a data mais provável de impressão da Bíblia de 42 linhas de Gutenberg (que tem o inconveniente de não mencionar nenhuma data no colofão, isto é, na nota informativa encontrada nas últimas páginas dos livros antigos) é 1452-1455. Os anos seguintes constituem esse "berço", período que se convencionou encerrar no último dia do ano 1500, o ano 1500 pertencendo ainda ao século XV. Assim como o ano 2000 ainda faz parte do século XX. Eis por que, entre parênteses, é totalmente inapropriado comemorar o início do século XXI em 31 de dezembro de 1999. Teríamos que comemorá-lo em 31 de dezembro de 2000, no verdadeiro fim do século. Tínhamos abordado essas questões em nosso encontro precedente.[1]

UE: Basta contar nos dedos, não é? 10 faz parte da primeira década. Logo 100 faz parte da centena. Precisamos chegar ao 31 de dezembro de 1500 — quinze vezes 100 — para começar uma nova centena. Ter fixado essa data arbitrariamente é um ato de puro esnobismo, pois nada diferencia um livro impresso em 1499 de um livro impresso em 1502. Para vender bem um livro que desafortunadamente só foi impresso em 1501, os antiquários qualificam-no muito adequadamente como "pós-incunábulo". Nesse sentido, até este livro aqui, o que resultará de nossas conversas, será um pós-incunábulo.

Agora, para responder à sua pergunta, possuo apenas uns trinta incunábulos, mas tenho certamente os "incontornáveis" (como se gosta de dizer hoje em dia), como por exemplo a *Hypnerotomachia Poliphili*, a *Crônica de Nuremberg*, os livros herméticos traduzidos por Ficino, a *Arbor vitae crucifixae* de Ubertino da Casale, que se tornou um dos personagens do meu *O nome da rosa*, e assim por diante. Minha coleção é bastante orientada. Trata-se de uma *Bibliotheca Semiologica Curiosa Lunatica Magica et Pneumatica*, em outras palavras, uma coleção dedicada às ciências ocultas e às ciências falsas. Tenho Ptolomeu,

---

[1] *Entretiens sur la fin des temps*, com Jean-Claude Carrière, Jean Delumeau, Umberto Eco, Stephen Jay Gould, realizadas por Catherine David, Frédéric Lenoir e Jean-Philippe de Tonnac (Paris: Pocket, 1999).

que se equivocava sobre o movimento da Terra, mas não tenho Galileu, que tinha razão.

JCC: Então você tem obrigatoriamente as obras de Athanasius Kircher, espírito enciclopedista como você aprecia e provavelmente forjador de não poucas ideias falsas...

UE: Tenho todas as suas obras, exceto a primeira, a *Ars magnesia*, que não encontramos em circulação, embora se trate de um livrinho sem imagens. Provavelmente foram impressos pouquíssimos exemplares na época em que Kircher ainda não era conhecido. Esse livrinho é tão inexpressivo que não passou pela cabeça de ninguém conservá-lo com carinho. Mas tenho também as obras de Robert Fludd e de um certo número de outros espíritos lunáticos.

JPT: *Pode falar um pouquinho desse Kircher?*

JCC: É um jesuíta alemão do século XVII, que passou muito tempo em Roma. É autor de trinta livros cujos assuntos abrangem matemática, astronomia, música, acústica, arqueologia, medicina, a China, o Lácio, a vulcanologia, e paro por aqui. Às vezes ele é visto como o pai da egiptologia, ainda que sua compreensão dos hieróglifos enquanto símbolos fosse totalmente equivocada.

UE: Isso não impediu que Champollion realizasse seu trabalho sem se basear, deixando de lado a estela de Rosetta, nas reproduções publicadas por Kircher. Em 1992, dei um curso no Collège de France sobre a busca de uma língua perfeita, e dediquei uma de minhas aulas a Athanasius Kircher e sua interpretação dos hieróglifos. Nesse dia, o bedel me disse: "Cuidado, senhor professor. Todos os egiptólogos da Sorbonne estão na sala, sentados na primeira fila." Achei que estava perdido. Tive cuidado, não me pronunciei sobre os hieróglifos, mas apenas sobre as posições de Kircher. Então me dei conta de que os egiptólogos nunca haviam dado atenção a Kircher (de quem haviam ouvido falar apenas como um louco); eles se divertiram muito. Foi a oportunidade de conhecer o egiptólogo Jean Yoyotte, que me transmitiu uma bibliografia valiosa sobre a questão da perda e da redescoberta da chave dos hieróglifos. O exemplo do desaparecimento de uma língua como a dos antigos egípcios obviamente nos interessa, no momento em que sentimos novos perigos rondando a herança da cultura universal.

JCC: Kircher foi também o primeiro a publicar uma espécie de enciclopédia sobre a China, *China monumentis illustrata.*

UE: Foi o primeiro a perceber que os ideogramas chineses tinham uma origem icônica.

JCC: Sem esquecer sua admirável *Ars magna lucis et umbrae*, onde se encontra a primeira representação de um olho que observa imagens móveis através de um estrado giratório, o que faz dele o inventor teórico do cinema. Dizem por aí que foi o introdutor da lanterna mágica na Europa. Terá então atravessado todos os domínios do conhecimento de sua época. Poderíamos dizer a respeito de Kircher que é uma espécie de Internet prematura, isto é, que sabia tudo que se podia saber, e, nesse saber, havia 50% de exatidão e 50% de fraude, ou de fantasia. Proporção talvez próxima do que consultamos em nossos monitores. Acrescentando, contudo, e é por isso também que o apreciamos, que ele imaginara uma orquestra de gatos (bastava puxar seus rabos) e uma máquina de limpar vulcões. Ela era descida num grande cesto no meio das fumaças do Vesúvio, segura por um exército de pequenos jesuítas. Mas Kircher é procurado pelos colecionadores, acima de tudo, porque seus livros são deslumbrantes. Creio que ambos somos aficionados por Kircher, nem que seja por seus livros tão magnificamente encadernados. Só me falta um, mas decerto um dos mais importantes, o *Œdipus aegyptiacus*. É considerado um dos livros mais belos do mundo.

UE: Para mim, o mais curioso é a *Arca Noe* com a prancha diversas vezes dobrada do perfil da Arca com todos os animais, incluindo as serpentes escondidas no fundo do porão.

JCC: E a magnífica prancha do dilúvio. Sem esquecer o *Turris Babel*. Nele, é demonstrado, a partir de cálculos avançados, que a torre de Babel não pôde ser concluída porque, se por infelicidade isso acontecesse, ela teria feito a Terra girar sobre seu eixo, em virtude de sua altura e seu peso.

UE: Você vê a imagem da Terra girando e a torre saindo por um lado, na horizontal, como se fosse seu membro viril. Genial! Também tenho as obras de Gaspar Schott, um discípulo de Kircher, outro jesuíta alemão, mas não quero ficar exibindo minhas propriedades. A questão que podemos nos colocar é a das motivações que guiam o colecionador para este ou aquele objeto de bibliofilia. Por que nós dois colecionamos as obras de Kircher? Há várias considerações que entram em jogo na escolha de um livro antigo. Pode representar o puro amor pelo objeto livro. Existem colecionadores que, possuindo um livro do século XIX com páginas não cortadas, não as cortarão por nada no mundo. Trata-se de proteger o objeto pelo objeto, de conservá-lo intacto, virgem. Existem também colecionadores que se interessam exclusivamente pelas encadernações. Não se preocupam com o conteúdo das obras possuídas. Há quem se interesse pelos editores e que buscarão adquirir obras impressas por Manúcio, por exemplo. Alguns apaixonam-se exclusivamente por um único título. Estes irão querer possuir todas as edições da *Divina comédia*. Outros se limitarão a um único domínio: a literatura francesa do século XVIII. Haverá também os que formam sua coleção em torno de um único tema. É o meu caso: coleciono, como já disse, tudo que se refere à ciência falsa, charlatã, oculta, bem como às línguas imaginárias.

JCC: Pode explicar essa escolha espantosa?

UE: Sou fascinado pelo erro, pela má-fé e pela estupidez. Sou muito flaubertiano. Descrevi em *La guerre du faux*[2] minhas visitas aos museus americanos de reproduções de obras de arte (incluindo uma Vênus de Milo de

---

[2] Trata-se de uma coletânea de artigos de Umberto Eco editada e publicada na França. *(N. do T.)*

cera, com os braços). Em *Os limites da interpretação*, elaborei uma teoria da falsificação e dos falsários. E, por fim, meu romance *O pêndulo de Foucault* é inspirado pelos ocultistas que acreditam em tudo com fanatismo. Quanto a *Baudolino*, o personagem central é um falsário genial e, no fim das contas, benéfico.

JCC: Provavelmente porque a fraude é o único caminho possível para a verdade.

UE: A fraude questiona toda tentativa de fundar uma teoria da verdade. Se é possível compará-la à obra autêntica que a inspirou, existe então um meio de saber se se trata ou não de uma falsificação. É mais difícil demonstrar que uma obra autêntica é autêntica.

JCC: Não sou um colecionador autêntico. A vida inteira comprei livros simplesmente porque eles me agradavam. Numa biblioteca, gosto acima de tudo do disparate, da vizinhança de objetos díspares, que chegam a se opor, se confrontar.

UE: Meu vizinho em Milão coleciona apenas os livros que acha bonitos, como você. Por exemplo, ele pode ter um Vitrúvio, um incunábulo da *Divina comédia* e um *beau livre* de artista contemporâneo. Não é em absoluto o meu caso. Falei de minha paixão por Kircher. Para poder possuir todos os seus livros, para conseguir por exemplo essa *Ars magnesia* que seguramente é o menos bonito da coleção, estou disposto a pagar uma fortuna. A respeito do meu vizinho, ocorre que ele possui, assim como eu, um exemplar da *Hypnetoromachia Poliphili*, ou *Sonho de*

Polifilo, talvez o livro mais belo do mundo. Nós rimos porque, bem em frente ao nosso prédio, no Castello Sforzesco, há uma célebre biblioteca, a Trivulziana, que possui um terceiro exemplar da *Hypnerotomachia*, o que deve representar indubitavelmente a maior concentração no mundo de *Hypnerotomachia* num raio de 50 metros! Falo, obviamente, da primeira edição incunábula, a de 1499, e não das edições posteriores.

JCC: Você continua a abastecer sua coleção?

UE: Antigamente eu corria tudo para desencavar peças curiosas. Agora me limito a poucos deslocamentos. Viso a qualidade. Ou então procuro preencher as lacunas na *opera omnia* de um autor. Como é o caso de Kircher.

JCC: A obsessão do colecionador é muitas vezes apoderar-se de um objeto raro, e não apenas conservá-lo. Conheço uma história espantosa a esse respeito. Existiam dois exemplares do livro fundador da literatura brasileira, *O guarani*, romance editado no Rio por volta de 1840. Um estava num museu, enquanto o outro deambulava em algum lugar. Meu amigo José Mindlin, esse grande colecionador brasileiro, fica sabendo que o livro pertence a uma pessoa, em Paris, disposta a vendê-lo. Reserva uma passagem de avião São Paulo-Paris e um quarto no Ritz para ir ao encontro do diletante da Europa Central dono do cobiçado exemplar. Os dois homens trancam-se durante três dias num quarto do Ritz para negociar. Três dias de discussão tensa. Um acordo é finalmente alcançado e o livro torna-se propriedade de Mindlin, que pega imediatamente o avião de volta. Durante o voo, ele tem todo o tempo para descobrir o exemplar recém-adquirido, um pouco desiludido por constatar que o livro em si não oferece nada de muito extraordinário, mas ele esperava por isso. Revira-o um pouco em todos os sentidos, procura o detalhe raro, depois deixa-o de lado. Ao chegar ao Brasil, esquece-o no avião. Ele adquirira o objeto, mas esse objeto, ao mesmo tempo, perdera toda a importância. Acontece que, por um pequeno milagre, o pessoal da Air France reparou no livro e o separou. Mindlin conseguiu recuperálo. Dizia que aquilo não o comovera nem um pouco. E eu confirmo: o dia em que tive que me desfazer de parte de minha biblioteca, não senti nenhuma aflição especial.

UE: Também passei por essa experiência. O verdadeiro colecionador está mais interessado na busca do que na posse, assim como o verdadeiro caçador está preocupado em primeiro lugar com a caçada e só depois, eventualmente, com a preparação culinária e a degustação dos animais que abateu. Conheço colecionadores (e observe que coleciono de tudo, livros, selos, cartões-postais, rolhas de champanhe) que passam a vida inteira formando uma coleção completa e que, uma vez formada essa coleção, a vendem ou até doam a uma biblioteca ou a um museu...

JCC: Como você, recebo um sem-número de catálogos de livreiros. A maioria é de catálogos de catálogos de livros. "*Books on books*", como são chamados. Há leilões que vendem catálogos de livrarias. Alguns datam do século XVIII.

UE: Sou obrigado a me livrar desses catálogos, que muitas vezes são autênticos objetos artísticos. Mas o lugar de um livro também tem um preço, voltaremos ao assunto. Agora, todos esses catálogos, eu os levo para a universidade ou dirijo um máster aberto aos futuros editores. Há naturalmente um curso sobre a história do livro. Guardo apenas alguns, quando se referem a temáticas que cultivo ou quando são lindos de morrer. Alguns desses catálogos são concebidos não para autênticos bibliófilos, mas para os novos-ricos que querem investir no livro antigo. Nesse caso, lembram mais livros de arte. Se não fossem enviados gratuitamente, custariam uma fortuna.

JPT: *Não posso deixar de lhes perguntar quanto custam esses incunábulos. O fato de possuir alguns faz de vocês pessoas ricas?*

UE: Isso depende. Há incunábulos que agora custam milhões de euros e outros que você consegue adquirir por algumas centenas. O prazer do colecionador também é encontrar uma obra raríssima e pagar por ela metade ou um quarto de seu preço. Ainda que isso seja cada vez mais raro, porque o mercado vem se encolhendo muito, não é todavia absolutamente impossível realizar algumas boas operações. Às vezes um bibliófilo pode inclusive fazer compras aceitáveis num antiquário reputado por ser muito caro. Um livro em latim nos Estados Unidos, mesmo muito raro, não irá interessar os colecionadores porque eles não leem línguas estrangeiras e latim ainda menos; com mais forte razão, se for possível encontrar esse texto nas grandes livrarias universitárias. O que os interessa de maneira obsessiva será uma primeira edição de Mark Twain, por exemplo (seja a que preço for). Um dia encontrei no Kraus, em Nova York, um antiquário de grande tradição (que infelizmente fechou há alguns anos), o *De harmonia mundi*, de Francesco Giorgi, um livro maravilhoso impresso em 1525. Eu tinha visto uma cópia em Milão, mas achei muito cara. No Kraus, porque as grandes bibliotecas universitárias já o possuíam e porque para o colecionador americano comum um livro em latim não apresentava nenhum interesse, comprei-o por um quinto do preço pedido em Milão. Fiz outro bom negócio na Alemanha. Uma vez, num catálogo de um leilão contendo milhares de livros classificados por seções, observo por acaso a lista das obras reunidas sob a rubrica "Teologia". De repente, descubro um título, *Offenbarung göttlicher Mayestat*, de Aloysius Gutman. Gutman, Gutman... O nome me diz alguma coisa. Faço uma rápida busca e descubro que Gutman é considerado o inspirador de todos os manifestos rosa-cruz, mas que seu livro nunca tinha sido publicado num catálogo sobre o assunto, pelo menos nos últimos 30 anos. Sugeriam como lance mínimo inicial 100 euros de hoje. Pensei comigo que talvez a obra pudesse escapar à atenção dos colecionadores interessados, pois normalmente deveria ter sido apresentada na seção "Occulta". O leilão era em Munique. Escrevo ao meu editor alemão (que é de Munique) para tentar arrematá-lo, mas não oferecendo mais que 200 euros. Ele o conseguiu por 150.

Esse livro não apenas é de uma raridade absoluta, como cada página traz na margem anotações em gótico nas cores vermelha, preta e verde, que constituem em si uma obra de arte. Por outro lado, independentemente desses golpes de sorte, nesses últimos anos os leilões atingiram patamares inalcançáveis em virtude da presença no mercado de compradores que não sabem nada de livros mas a quem simplesmente disseram que a compra de livros antigos representava um bom investimento. O que é absolutamente falso. Se você comprar um papel do Tesouro por 1.000 euros, poderá vendê-lo pouco tempo depois seja pelo mesmo preço, seja com uma pequena ou grande margem, com um simples telefonema para o seu banco. Mas se comprar um livro por 1.000 euros, não irá revendê-lo amanhã por 1.000 euros. O livreiro também tem que tirar uma margem: ele tem custos com o catálogo, com sua loja e assim por diante — e, aliás, se for desonesto, tentará lhe pagar menos de um quarto de seu valor de mercado. Em todo caso, para encontrar o cliente certo, é preciso tempo. Você só fará dinheiro depois que morrer, delegando a venda dos seus livros à Christie's.

Há cinco ou seis anos, um antiquário de Milão me mostrou um maravilhoso incunábulo de Ptolomeu. Lamentavelmente, me pedia o equivalente a 100.000 euros. Era demais, pelo menos para mim. É provável que, se o tivesse comprado por esse preço, enfrentasse todas as dificuldades do mundo para revendê-lo pelo mesmo preço. Ora, três semanas mais tarde, um Ptolomeu similar foi arrematado durante um leilão público por 700.000 euros. Supostos investidores haviam se divertido fazendo subir seu preço. Depois disso, verifiquei que, sempre que ele aparecia num catálogo, nunca era mais barato. A esse preço, o livro escapa aos verdadeiros colecionadores.

JCC: Ele se torna um objeto financeiro, um produto, e isso é muito triste. Os colecionadores, os verdadeiros amantes dos livros em geral, não são gente muito rica.

Com a passagem pelo banco, com o rótulo "investimento", aí, como em quase tudo, alguma coisa se perde.

UE: Em primeiro lugar, o colecionador não comparece aos leilões. Como esses leilões são realizados nos quatro cantos do planeta, ele precisaria de recursos consideráveis para poder estar presente em todas as vendas. Mas a segunda razão é que os livreiros literalmente fagocitam a venda: eles entram num acordo para não fazer os lances subirem e depois se encontram no hotel e redistribuem o que compraram. Para arrematar um livro que se ama, às vezes é preciso deixar passar dez anos. Mais uma vez, fiz um dos mais belos negócios da minha vida no Kraus, envolvendo cinco incunábulos encadernados juntos pelos quais estavam pedindo o que era evidentemente muito caro para mim. Mas, sempre que eu voltava na loja deles, eu brincava com o fato de que continuavam sem vender os livros, sinal de que talvez estivessem muito caros. No fim, o dono me disse que minha fidelidade e obstinação deviam ser recompensadas e me cedeu os livros pela metade, aproximadamente, do que estava pedindo antes. Um mês depois, num outro catálogo, um único desses incunábulos estava avaliado mais ou menos pelo dobro do que eu pagara pelos cinco. E, ao longo dos anos que se seguiram, o preço de cada um dos cinco não parou de subir. Dez anos de paciência. O jogo é divertido.

JCC: Você acredita que o gosto pelos livros antigos vai durar? Essa é a pergunta que fazem, não sem preocupação, os bons livreiros. Se eles não tiverem mais uma clientela de banqueiros, o negócio está condenado. Vários livreiros que eu conheço me dizem que há cada vez menos diletantes nas novas gerações.

UE: Convém lembrar que os livros antigos são necessariamente objetos em vias de extinção. Se eu possuir uma joia muito rara, ou um Rafael, quando eu morrer, minha família irá vendê-lo. Porém, se eu tiver uma boa coleção de livros, deixarei genericamente indicado no meu testamento que não quero que ela seja desmantelada porque passei a vida inteira formando-a. Então, das duas uma, ou ela será doada a uma instituição pública, ou será comprada, por intermédio da Christie's, por uma grande biblioteca, geralmente americana.

JCC: E não sairá mais de lá.

UE: Nunca mais. Portanto, independentemente dos estragos produzidos pelos supostos investidores, exemplares de livros antigos tornam-se cada vez mais raros, e portanto inevitavelmente mais caros. Quanto às novas gerações, não acho que tenham perdido o gosto pelos livros raros. Pergunto-me, sim, se um dia ele existiu, os livros antigos tendo sempre custado além das possibilidades financeiras dos jovens. Mas também é preciso dizer que, se alguém for realmente um apaixonado, pode tornar-se colecionador sem gastar muito. Encontrei nas minhas prateleiras dois Aristóteles do século XVI, comprados por curiosidade na minha juventude e que (vendo o preço escrito a caneta pelo buquinista na folha de rosto) me haviam custado algo como 2 euros de hoje. Do ponto de vista de um antiquário, isso não é evidentemente muita coisa.

Tenho um amigo que coleciona os pequenos volumes da BUR, a Biblioteca Universal Rizzoli, que era o equivalente da Biblioteca Reclam na Alemanha. São livros publicados nos anos 1950, que se tornaram muito raros em virtude de seu aspecto bem modesto, e, como não custavam quase nada, ninguém se preocupava em conservá-los com cuidado. Entretanto, reconstituir a série completa (quase mil títulos) é uma iniciativa apaixonante que não exige muito dinheiro nem frequentar um antiquário de luxo, mas sim explorar os sebos (ou, hoje em dia, o eBay). Pode-se ser bibliófilo a um custo baixo. Tenho outro amigo que coleciona modestas edições antigas (mas não necessariamente originais) de poetas que ele aprecia porque, me diz ele, a leitura dos poemas numa impressão da época tem outro "sabor". Será ele um bibliófilo por isso? Ou simplesmente um amante de poesia? Você encontrará um pouco por toda parte mercados de livros antigos onde poderá desencavar coleções das edições do século XIX e até das primeiras edições do século XX, ao preço de um chucrute no restaurante (a não ser que você queira a primeira edição de *Flores do mal*). Eu tinha um aluno que colecionava apenas guias turísticos de diferentes cidades, os mais estropiados, que lhe vendiam por nada. Chegou inclusive a extrair disso uma tese de doutorado sobre a visão de uma cidade através das décadas. Em seguida publicou sua tese. Transformou-a em livro.

JCC: Posso contar como um dia fiz a aquisição de um Fludd completo, em encadernação lisa de época. Provavelmente um exemplar único. A história começa numa rica família na Inglaterra, que possui uma biblioteca valiosa e que tem muitos filhos. Entre eles, o que acontece muito, apenas um sabe o verdadeiro valor dos livros. Quando o pai morre, o especialista diz como quem não quer nada a seus irmãos e irmãs: "Vou pegar *só* os livros. Virem-se com o resto." Os outros vibram. Conseguiram as terras, o dinheiro, os móveis, o castelo. Mas o novo detentor dos livros, quando estes passam às suas mãos, não pode vendê-los oficialmente, sob o risco de alertar a família, que se dará conta, em vista dos resultados da venda, que "só os livros" não era pouca coisa, ao contrário, e que foram ludibriados. Decide então, sem comunicar à família, vendê-los secretamente para atravessadores internacionais, em geral figuras muito estranhas. O Fludd chegou a mim por intermédio de um atravessador que se deslocava de mobilete, um saco plástico pendurado no guidom, e dentro desse saco às vezes chacoalhavam tesouros. Levei quatro anos para pagar esse conjunto, mas ninguém, na família inglesa, pode saber nas mãos de quem ele terminou seu périplo, e a que preço.

Livros que fazem de tudo para cair nas nossas mãos

JPT: *Vocês parecem ter rastreado alguns livros, às vezes com grande obstinação. Para completar a série de um autor, ou então para enriquecer suas coleções temáticas. E, também, simplesmente por amor ao belo objeto ou ao que tal livro em particular podia simbolizar para vocês. Vocês têm histórias a nos contar sobre esse minucioso trabalho de detetive?*

JCC: Conto-lhe a esse respeito uma visita à diretora dos Arquivos Nacionais, há uns dez anos. Convém saber que diariamente, nos Arquivos, na França como em todos os países que possuem algo similar, um caminhão vem buscar um monte de papéis velhos que houveram por bem destruir. Pois, naturalmente, é preciso abrir espaço para receber o que entra diariamente nos Arquivos. Nesse caso também, é preciso destruir, é preciso filtrar, é a lei do mundo.

Antes de o caminhão vir pegar sua carga, às vezes eles chamam alguns "papeleiros", amantes de papéis velhos, atos de cartório, certidões de casamento, que vêm e se servem gratuitamente no que vai ser destruído. A diretora me contou que um dia chegou a seu escritório e se preparou para entrar no perímetro do prédio, quando um desses caminhões saiu e passou bem em frente a ela. É a ideia, de que gosto muito, do "olho treinado". Do olho que aprendeu a ver, do olho que só esperava aquilo. Ela então se afastou para deixar o caminhão sair e viu, saindo de uma grande trouxa, um pedaço de papel amarelecido. Mandou o caminhão parar imediatamente, desamarrar o barbante, abrir o embrulho em questão e deu com um dos raros cartazes conhecidos de L'Illustre-Théâtre de Molière da época em que ele ainda se apresentava na província! Como o cartaz chegara lá? E por que o mandavam para a incineração? Quantos documentos preciosos, livros raros, foram entregues à destruição por simples distração, inadvertência, negligência? Os negligentes fizeram mais estragos, talvez, do que os destruidores.

UE: Um colecionador deve efetivamente possuir esse olho treinado que você menciona. Meses atrás, eu estava em Granada, e, após ter visto Alhambra e todas as coisas que devia ver, um amigo me levou, a pedido meu, para consultar as prateleiras de uma livraria de livros antigos. Reinava lá uma desordem pouco comum e eu farejava sem grande sucesso numa pilha de livros em espanhol que não apresentavam o menor interesse para mim, quando, de repente, meu olhar foi atraído por dois livros que peço para catarem. Eu tinha me deparado com dois livros de mnemotécnica em espanhol. Paguei por um e o vendedor me deu o outro de brinde. Você pode me dizer que isso é um golpe de sorte, que talvez devessem existir outros tesouros no livreiro. Tenho certeza que não. Há uma espécie de faro canino que nos faz ir direto em cima da presa.

JCC: Tive a oportunidade de dar uma volta com meu amigo Gérard Oberlé, livreiro bem conhecido e excelente escritor, pelos buquinistas. Ele entra numa loja e examina demoradamente as prateleiras, em silêncio. Num dado momento, dirige-se para O livro que o esperava. É o único que ele toca e único que ele pega. Da última vez, tratava-se do livro que Samuel Beckett escreveu sobre Proust, difícil de encontrar na edição original. Conheci também, na rua de l'Université, um excelente livreiro especializado em livros e objetos científicos. Estudante, ele me deixava entrar em sua loja, bem como meus companheiros, sabendo muito bem que nós não podíamos comprar nada dele. Mas ele nos falava, nos mostrava belas coisas. Foi um dos que formaram meu gosto. Morava à rua du Bac, do outro lado do bulevar Saint-Germain. Volta uma noite para casa, sobe a rua du Bac, atravessa o bulevar e, fazendo seu trajeto, percebe, saindo de uma lata de lixo, um pedaço de latão que atrai seu olhar. Ele para, levanta a tampa, "fuça" a lixeira e retira dela uma das doze máquinas de calcular fabricadas pelo próprio Pascal. Um objeto sem preço. Hoje ela se encontra no CNAM, o Acervo Nacional de Artes e Ofícios. Quem a jogara ali? E que coincidência esse olho treinado ter passado por ali precisamente aquela noite!

UE: Agora mesmo eu estava rindo da minha descoberta naquele livreiro de Granada. Pura e simplesmente porque, para ser honesto, não tenho nenhuma certeza de que não existisse, em sua loja, um terceiro livro que me tivesse apaixonado tanto quanto os outros dois. Talvez seu amigo livreiro tenha passado três vezes perto de um objeto que lhe acenava, mas sem vê-lo, e só notou a máquina de Pascal na quarta vez.

JCC: Existe em língua catalã um texto fundador que data do século XIII. Esse manuscrito, com uma extensão de apenas duas páginas, desapareceu há muito tempo, mas existe uma versão impressa datada do século XV. É evidentemente o incunábulo mais valioso do mundo para um especialista catalão. Ocorre que conheço um livreiro de Barcelona que, depois de anos de busca, como um detetive tenaz numa pista apagada, terminou por desencavar o precioso incunábulo. Comprou-o e o revendeu para a biblioteca de Barcelona por um preço que não me revelou, mas que devia ser bem significativo.

Passaram-se alguns anos. Um dia, o mesmo livreiro comprou um grande in-fólio do século XVIII, cuja encadernação, como era frequente, estava forrada com papéis velhos. Fez então o que fazemos num caso semelhante, rasgou a encadernação delicadamente com um estilete para esvaziá-la. E, dentre os papéis velhos que estavam ali, achava-se o manuscrito do século XIII, supostamente perdido há tempos. O manuscrito mesmo, o original. Ele achou que ia desmaiar. O verdadeiro tesouro estava diante dele. Alguém o enfiara ali por pura ignorância.

UE: Quaritch, o mais importante livreiro-antiquário inglês e talvez do mundo, organizou uma exposição e um catálogo exclusivamente a partir de manuscritos encontrados dentro de encadernações. Neste último havia inclusive a descrição bastante minuciosa de um manuscrito que sobrevivera ao incêndio da biblioteca de *O nome da rosa*, manuscrito completamente inventado por eles, naturalmente. Aquilo me chamou atenção (bastava ver as dimensões para perceber que era do tamanho de um selo postal) e foi assim que ficamos amigos. Mas muita gente acreditou que se tratava de um documento autêntico.

JCC: Você acha possível descobrirmos mais uma tragédia de Sófocles?

UE: Recentemente a Itália viu-se agitada por uma grande polêmica a propósito do papiro de Artemidoro, adquirido por um preço astronômico pela fundação do Banco San Paolo, de Turim. Colidem os dois maiores especialistas italianos: aquele texto atribuído ao geógrafo grego Artemidoro é autêntico ou é uma fraude? Diariamente encontramos na imprensa a intervenção bombástica de um novo especialista que vem confirmar ou refutar o que foi publicado na véspera. Tudo isso para dizer que continuávamos a ver ressurgir aqui ou ali vestígios mais ou menos ricos do passado. Faz apenas cinquenta anos que encontramos os manuscritos do mar Morto. Creio que a probabilidade de encontrar esses documentos é maior em nossos dias em que construímos mais, em que revolvemos mais a terra. Temos atualmente mais probabilidades de encontrar um manuscrito de Sófocles do que no tempo de Schliemann.

JPT: *Como bibliófilos e amantes dos livros, qual seria seu desejo mais profundo? O que gostariam de ver ressurgir da terra amanhã, na curva de um canteiro de obras?*

UE: Eu gostaria de encontrar para mim mesmo, egoisticamente, outro exemplar da Bíblia de Gutenberg, o primeiro livro impresso. Também teria interesse que se descobrissem as tragédias perdidas citadas por Aristóteles em sua *Poética*. Afora isso, não vejo muitos livros desaparecidos de que eu sinta falta. Talvez porque, se desapareceram, como dissemos, foi porque talvez não merecessem sobreviver ao fogo ou ao inquisidor que os destruiu.

JCC: Já eu subiria às nuvens se descobrisse um códice maia desconhecido. Quando cheguei pela primeira vez ao México em 1964, me disseram que existiam por volta de 100 mil pirâmides inventariadas, mas que apenas trezentas haviam sido exploradas. Perguntei, anos mais tarde, a um arqueólogo que trabalhava em Palenque quanto tempo ainda durariam as escavações. Ele me respondeu: "Mais ou menos 550 anos." O mundo pré-colombiano nos oferece provavelmente o exemplo mais truculento de uma tentativa de destruição total de um "escrito", de todo vestígio de uma linguagem, de uma expressão, de uma literatura, isto é, de um pensamento, como se esses povos vencidos não merecessem nenhuma memória. Pilhas de códices foram queimados no Yucatán, sob as diretrizes de alguns talibãs cristãos. Apenas alguns exemplares sobreviveram, tanto no caso dos astecas como dos maias, e algumas vezes em circunstâncias extravagantes. Um códice maia foi descoberto em Paris, por um "olho treinado", no século XIX, perto de uma lareira onde se preparavam para queimá-lo.

Dito isto, as línguas antigas da América não estão mortas. Estão inclusive renascendo. O náuatle, língua dos astecas, aspira ao título de língua nacional, no México.

Esperando Godot acabou de ser traduzido em náuatle. Já reservei um exemplar da edição "original".

JPT: *Podemos imaginar encontrar amanhã um livro cuja existência ignoramos?*

JCC: Eis agora uma história literalmente extraordinária. Seu personagem central é Paul Pelliot, linguista francês, jovem explorador do início do século XX. É um linguista superdotado, um pouco como era Champollion, um século antes, e arqueólogo. Trabalha com uma equipe alemã na China ocidental, na região de Dunhuang, numa das rotas da seda. Com efeito, sabemos pelos caravaneiros, há muito tempo, que nessa região existem cavernas contendo estátuas de Buda e uma profusão de outros vestígios.

Pelliot e seus colegas descobrem em 1911 uma caverna que permaneceu emparedada desde o século X da nossa era. Negociam com o governo chinês e a mandam abrir. Ela revela conter 70 mil manuscritos, todos datando de antes do século X! Alguns afirmam tratar-se da maior descoberta do século XX. Uma caverna de livros desconhecidos! Vamos imaginar que penetrássemos de repente numa sala fechada da Biblioteca de Alexandria, onde tudo estivesse conservado! Pelliot — por mais olho treinado que tivesse — deve ter sentido uma coisa similar, uma alegria intensa. Em que cadência pulsava seu coração? Uma fotografia mostra-o sentado entre pilhas de textos antigos, à luz de velas. Prodigiosamente feliz, sem dúvida.

Fica três semanas na caverna em meio a esses tesouros e começa a classificá-los. Vai descobrir duas línguas extintas, uma delas o antigo pálavi, um persa arcaico. Descobre também o único texto maniqueu que possuímos escrito — em chinês — pelos próprios maniqueus e não por seus adversários, texto sobre o qual Nahal, minha esposa, fez sua tese. Nele, Maini é denominado "o Buda de luz". E muitos outros documentos incríveis. Textos de todas as tradições. Pelliot conseguiu convencer o governo francês, com a anuência dos chineses, a comprar cerca de 20 mil manuscritos. Hoje eles formam o acervo Pelliot na Biblioteca Nacional. Sempre em vias de tradução e estudo.

JPT: *Então, outra pergunta: podemos imaginar descobrir uma obra-prima desconhecida?*

UE: Um aforista italiano escreveu que era impossível ser um grande poeta búlgaro. A ideia em si parece um pouco racista. Provavelmente ele queria dizer uma dessas duas coisas, ou ambas ao mesmo tempo (em vez da Bulgária, ele poderia ter escolhido qualquer outro país pequeno): em primeiro lugar, ainda que esse grande poeta tenha existido, sua língua não é suficientemente conhecida e logo nunca teríamos oportunidade de atravessar seu caminho. Portanto, se "grande" quer dizer famoso, é possível ser um bom poeta e não ser famoso. Estive uma vez na Geórgia, e me disseram que seu poema nacional, *O homem da pele de tigre*, de Rustaveli, era uma imensa obra-prima. Acredito, mas ela não teve a repercussão de Shakespeare!

Em segundo lugar, um país deve ter atravessado os grandes acontecimentos da história para produzir uma consciência capaz de pensar de forma universal.

JCC: Quantos Hemingway nasceram no Paraguai? Talvez tivessem, ao nascer, capacidade para produzir uma obra de grande originalidade, de uma força genuína, mas não o fizeram. Não puderam fazê-lo. Porque não sabiam escrever. Ou então porque não existia editor para se interessar por sua obra. Talvez até mesmo ignorassem que podiam escrever, que podiam ser "um escritor".

UE: Na *Poética*, Aristóteles cita umas vinte tragédias que não conhecemos mais. O âmago do problema é: por que apenas as obras de Sófocles e Eurípides subsistiram? Eram as melhores, as mais dignas de passar à posteridade? Ou será que seus autores conspiraram de modo a obter a aprovação de seus contemporâneos e a descartar seus concorrentes, precisamente os citados por Aristóteles, porque eram aqueles cujos nomes deveriam ser repercutidos pela história?

JCC: Sem esquecer que, dentre as obras de Sófocles, algumas se perderam. As obras perdidas eram de melhor qualidade que as obras conservadas? Talvez as que preservamos tenham sido as que o público ateniense preferia, sem por isso serem as mais interessantes, pelo menos para nós. Talvez hoje preferíssemos outras. Quem decidiu conservar, não conservar, traduzir em árabe essa obra em vez daquela? Quantos grandes "autores" acerca dos quais nada soubemos? E, não obstante, sem livro, sua glória é às vezes imensa. Encontramos aqui a ideia do fantasma. Quem sabe? O maior escritor talvez seja aquele do qual nada lemos. Nos píncaros da glória, claro que só pode haver o anonimato. Penso nesse blá-blá-blá sobre as obras de Shakespeare ou Molière para saber — interrogação idiota — quem as escreveu. Qual a importância disso? O verdadeiro Shakespeare se dilui na glória de Shakespeare, Shakespeare sem sua obra não seria ninguém. A obra de Shakespeare sem Shakespeare permaneceria a obra de Shakespeare.

UE: Talvez haja uma resposta para a nossa interrogação. Em cada livro incrustam-se, ao longo do tempo, todas as interpretações que lhes demos. Não lemos Shakespeare como ele escreveu. Nosso Shakespeare então é muito mais rico que o lido em sua época. Para que uma obra-prima seja uma obra-prima, basta ser conhecida, isto é, absorver todas as interpretações que suscitou, as quais vão contribuir para fazer dela o que ela é. A obra-prima desconhecida não teve suficientes leitores ou interpretações. Enfim, poderíamos dizer que foi o Talmude que produziu a Bíblia.

JCC: Cada leitura modifica o livro, certamente, assim como os acontecimentos que atravessamos. Um grande livro permanece sempre vivo, cresce e envelhece conosco, sem jamais morrer. O tempo o fertiliza e modifica, ao passo que as obras sem interesse deslizam à margem da História e desaparecem. Vi-me, anos atrás, relendo a *Andrômaca* de Racine. De repente dou com uma réplica em que Andrômaca conta à sua criada o massacre de Troia: "Pensa, pensa, Cefisa, nessa noite cruel/ Que foi para todo um povo uma noite eterna." Você lê essas linhas de maneira diferente depois de Auschwitz. O jovem Racine já nos descrevia um genocídio.

UE: É a história do *Pierre Ménard*, de Borges. Ele imagina que um autor tentou reescrever o *Quixote* assimilando a história e a cultura da Espanha do século XVII. Escreve então um *Quixote* que é, palavra por palavra, idêntico ao de Cervantes, mas cujo sentido muda porque a mesma frase, dita hoje, não tem a mesma significação daquele tempo. E nós a lemos de uma maneira diferente, também, por causa das leituras infinitas que ela provocou e que se tornaram como que parte integrante do texto original. A obra-prima desconhecida, por sua vez, não teve essa sorte.

JCC: Uma obra-prima não nasce obra-prima, torna-se uma. Convém acrescentar que as grandes obras influenciam-se reciprocamente através de nós. Podemos provavelmente explicar o quanto Cervantes teve de influência sobre Kafka. Mas também podemos dizer — Gérard Genette demonstrou isso claramente — que Kafka influenciou Cervantes. Se leio Kafka antes de ler Cervantes, através de mim e à minha revelia, Kafka modificará minha leitura do *Quixote*. Da mesma forma que nossos percursos de vida, nossas experiências pessoais, a época em que vivemos, as informações que recebemos, até nossas mazelas domésticas ou os problemas de nossos filhos, tudo influencia nossa leitura das obras antigas.

De tempos em tempos abro um ou outro livro aleatoriamente. Por exemplo, mês passado abri o *Quixote* em sua última parte, a que lemos menos. Sancho, de volta de sua "ilha", encontra um de seus amigos, chamado Ricote, um *converso*, isto é, um mouro convertido, que um decreto real (o fato é histórico) acaba de decidir mandar de volta para a Berbéria, na África, país que ele não conhece, cuja língua não fala e cuja religião não pratica, tendo nascido na Espanha como seus pais e se dizendo bom cristão. Essa página é espantosa. Ela nos fala diretamente de nós, simplesmente, sem intermediários: "Em lugar nenhum encontramos a acolhida almejada por nosso infortúnio", diz o personagem. Autoridade, familiaridade e atualidade de um grande livro: nós o abrimos, ele nos fala de nós. Porque vivemos desde essa época, porque nossa memória somou-se a ele, misturou-se ao livro.

UE: É o caso da *Gioconda*. Leonardo fez coisas que considero mais belas, por exemplo a *Virgem dos rochedos* ou a *Dama de arminho*. Mas a *Gioconda* recebeu mais interpretações, as quais, como camadas sedimentares, depositaram-se com o tempo sobre a tela, transformando-a. Eliot já dissera tudo isso em seu ensaio sobre *Hamlet*. *Hamlet* não é uma obra-prima, é uma tragédia desorganizada que não consegue harmonizar fontes diversas. Por essa razão, tornou-se enigmática e todo mundo continua a se interrogar a seu respeito. *Hamlet* não é uma obra-prima por suas qualidades literárias; é porque ela resiste a nossas interpretações que se tornou uma obra-prima. Às vezes basta pronunciar palavras insensatas para passar à posteridade.

JCC: E as redescobertas. Uma obra atravessa o tempo e parece esperar sua hora de luz. A televisão me perguntou se eu gostaria de adaptar *O pai Goriot*. Eu não lia esse romance há pelo menos trinta anos. Sentei-me, uma tarde, para dar uma olhada. Não consegui largá-lo antes do fim, por volta das três ou quatro horas da manhã. Eu sentia tal pulsão naquelas páginas, tal energia de escrita, que me era impossível desgrudar os olhos um instante. Como é possível que Balzac, que tem 32 anos quando escreve esse livro, que não se casou, que não tem filhos, tenha esquadrinhado as relações de um velho pai com suas filhas de uma maneira tão cruel, precisa e justa? Ele conta, por exemplo, a Rastignac, que mora na mesma pensão, que vai ver suas filhas passarem a noite nos Champs-Elysées. Ele pagou caleças, lacaios e tudo que pode contribuir para a felicidade delas. Como tem medo de constrangê-las com sua presença, não se mostra, não lhes faz nenhum sinal. Contenta-se em escutar os comentários admirativos daqueles que as veem passar e diz a Rastignac: "Eu queria ser o totó que está no colo delas." Que achado! Há então redescobertas coletivas, de tempos em tempos, mas também redescobertas pessoais, preciosas, que cada um de nós pode fazer, uma noite, pegando um livro esquecido.

UE: Lembro de na minha juventude ter descoberto Georges de La Tour e de ter me apaixonado por ele, perguntando-me por que não era considerado um gênio à altura de Caravaggio. Décadas mais tarde, La Tour foi redescoberto e incensado. Tornou-se então muito popular. Às vezes basta fazer uma exposição (ou a nova edição de um livro) para provocar esse entusiasmo súbito.

JCC: Poderíamos abordar, a propósito, o tema da resistência de determinados livros à destruição. Já falamos da maneira como os espanhóis se comportaram face às civilizações ameríndias. Dessas línguas, dessas literaturas, conservamos um total de apenas três códices maias e quatro códices astecas. Dois deles foram encontrados por milagre. Um, um códice maia, em Paris; o outro, asteca, em Florença, chamado por essa razão *codex florentino*. Será que haveria livros arredios, tinhosos, que gostariam absolutamente de sobreviver e naufragar um dia diante de nós?

JPT: *Talvez o desvio de manuscritos e livros preciosos constitua uma tentação para aqueles que têm uma ideia precisa de seu valor. Recentemente, um curador da Biblioteca Nacional, em Paris, foi acusado de ter desviado um manuscrito pertencente ao acervo hebraico sob sua responsabilidade.*

UE: Também há livros que sobreviveram graças a ladrões. Sua pergunta me faz pensar na história de Girolamo Libri, um conde florentino do século XIX, grande matemático que se tornou cidadão francês. Foi como grande erudito, muito respeitado, que foi nomeado comissário extraordinário para o resgate de manuscritos pertencentes ao patrimônio nacional. Percorreu a França de ponta a ponta, indo de um n1osteiro a uma biblioteca municipal, empenhando-se efetivamente em arrancar à sua triste sorte documentos de imenso valor e uma quantidade de livros valiosos. Sua iniciativa era enaltecida pela região que o recebia, até o dia em que se descobriu que desviara, para uso próprio, milhares desses documentos e livros inestimáveis. Foi ameaçado com um processo. Toda a cultura francesa da época, de Guizot a Merimée, assina então um manifesto em defesa do pobre Girolamo Libri, clamando com paixão por sua integridade. E os intelectuais italianos revoltam-se também. É uma defesa sem falhas que se promove em favor desse infeliz injustamente acusado. Continuam a defendê-lo inclusive quando do descobrem em sua casa os milhares de documentos que o acusavam de ter roubado. Ele era provavelmente um pouco como aqueles europeus no Egito ao se depararem com objetos que julgavam muito natural trazerem consigo. A menos que tivesse guardado aqueles documentos em casa com a finalidade de classificá-los. Para livrar-se do processo, Girolamo Libri exila-se na Inglaterra, onde termina sua vida, maculada por um formidável escândalo. Mas nenhuma revelação, desde então, permitiu-nos saber se era ou não culpado.

JPT: *Livros cuja existência conhecemos, mas que ninguém nunca viu ou leu. Obras-primas desconhecidas e destinadas a assim permanecer. Manuscritos inestimáveis desviados ou esperando no fundo de uma caverna há quase mil anos. Mas o que dizer agora das obras que perdem subitamente a paternidade de um autor para serem atribuídas a outro? Shakespeare escreveu Shakespeare? Homero é Homero?*

JCC: Uma recordação que envolve Shakespeare. Eu estava em Pequim, logo após a Revolução Cultural. Tomava meu café da manhã no hotel consultando o *China Today* em inglês. Naquela manhã, das sete colunas da primeira página, cinco eram dedicadas a um acontecimento espetacular: peritos acabavam de descobrir na Inglaterra que determinadas obras de Shakespeare não eram dele. Apresso-me a ler a reportagem para descobrir que, na realidade, a controvérsia referia-se a apenas alguns versos, por sinal desinteressantes, e espalhados por algumas de suas peças.

À noite, janto com dois sinólogos e exprimo-lhes minha surpresa. Como uma não notícia a respeito de Shakespeare podia ocupar quase a totalidade da primeira página do *China Today*? Um dos sinólogos então me disse: "Não se esqueça que aqui você está no país dos mandarins, isto é, um país onde a escrita está há muito tempo ligada ao poder, sendo primordial. Quando acontece alguma coisa ao maior escritor do Ocidente, e talvez do mundo, isso merece cinco colunas na primeira página."

UE: Os trabalhos dedicados a confirmar ou refutar a autenticidade das obras de Shakespeare são infinitos. Tenho uma boa coleção deles, pelo menos os mais célebres. O debate leva o nome de "The Shakespare-Bacon controversy". Uma vez escrevi de brincadeira que, se todas as obras de Shakespeare tivessem sido escritas por Bacon, este último nunca teria tido tempo de escrever as suas, que por conseguinte teriam sido escritas por Shakespeare.

JCC: Temos os mesmos problemas na França com Corneille e Molière, já tocamos no assunto. Quem é o autor das obras de Molière? Quem, senão Molière? Na época dos meus estudos clássicos, um professor nos impôs durante quatro meses a "questão homérica". Sua conclusão foi a seguinte: "Agora sabemos que provavelmente os poemas homéricos não foram escritos por Homero, mas por seu neto, que também se chamava Homero." As coisas evoluíram, uma vez que hoje os especialistas concordam em dizer que a *Ilíada* e a *Odisseia* certamente não são do mesmo autor. A pista do neto de Homero parece então completamente abandonada.

Em todo caso, a questão de uma copaternidade Corneille-Molière permite imaginar todo tipo de roteiros. Molière dirigia um teatro com empregados, um contrarregra, atores, pessoas que estavam com ele o tempo todo. Havia registros, onde suas atividades eram consignadas, assim como as receitas. Logo, isso autoriza supor que o essencial dissimulava-se, que Corneille levara-lhe os textos à noite, envolto num grande manto negro. Incrível que ninguém na época tenha percebido isso. Mas a credulidade prevalece sobre o verossímil. É outro caso da absurda teoria conspiratória. Para alguns, é impossível aceitar o mundo como ele é. Como não podem refazê-lo, são obrigados a reescrevê-lo.

UE: É absolutamente necessário que, associado ao ato de criação, haja um mistério. O público exige isso. Senão, como Dan Brown ganharia a vida? Desde Charcot, conhecemos muito bem os sintomas de um histérico, mas ainda idolatramos Padre Pio. Corneille ser Corneille, isso é banal. Mas Corneille ser não apenas Corneille, mas também Molière, aí o interesse redobra.

JCC: Quanto a Shakespeare, devemos lembrar que poucas peças suas foram publicadas com ele ainda em vida. Muito tempo após sua morte, um grupo de eruditos ingleses se reuniu para compor a primeira edição completa de suas obras, em 1623, a que é considerada a edição original e que se chama o *Folio*. Tesouro dos tesouros, evidentemente. Ainda existem exemplares dessa edição em algum lugar?

UE: Vi três na Folger Library de Washington. Existem, sim, mas não mais no mercado dos antiquários. Conto uma história sobre um livreiro e o *Folio* de 1623 em *A misteriosa chama da rainha Loana*. É a do sonho de todo colecionador. Ser dono de uma Bíblia de Gutenberg ou do *Folio* de 1623. Mas não existem mais Bíblias de Gutenberg no mercado, já dissemos, estão todas agora nas grandes bibliotecas. Vi duas delas na Pierpont Morgan Library de Nova York, uma delas incompleta. Toquei em uma, em velino, e rubricada em cores (isto é, com todas as capitulares coloridas à mão), na Biblioteca Vaticana. Se o

Vaticano não é a Itália, então não existe Bíblia de Gutenberg na Itália. A última cópia conhecida no mundo foi vendida, há uns vinte anos, para um banco japonês por, se bem me lembro, 3 ou 4 milhões de dólares da época. Se um dia surgir uma no mercado da bibliofilia, ninguém pode dizer a que preço será oferecida nos dias de hoje. Todo colecionador sonha encontrar em algum lugar uma velha senhora que tivesse em sua casa, num velho armário, uma Bíblia de Gutenberg. A senhora tem 95 anos, está doente. O colecionador lhe oferece 200 mil euros por aquele livro velho. Mas uma questão logo se coloca: depois de levar essa Bíblia para casa, o que você faz com ela? Ou não conta a ninguém, e é como ver um filme cômico sozinho. Você não ri. Ou então você começa a contar e mobiliza imediatamente todos os ladrões do mundo. Em desespero de causa, você a doa à prefeitura de sua cidade. Ela será exposta em lugar seguro e você terá a possibilidade de vê-la com seus amigos quantas vezes quiser. Mas não poderá se levantar no meio da noite para tocá-la, acariciá-la. Então qual a diferença entre ter e não ter uma Bíblia de Gutenberg?

JCC: É verdade. Qual a diferença? Outro sonho me ocorre às vezes, ou melhor, um devaneio. Sou um ladrão, introduzo-me numa casa onde adormece uma coleção magnífica de livros antigos e levo uma bolsa onde só posso colocar dez livros. Mais dois ou três nas algibeiras, digamos. Logo, preciso escolher. Abro as estantes. Tenho apenas dez ou 12 minutos para fazer minha escolha, pois um sistema de alarme pode alertar a polícia... É uma situação que aprecio muito. Violar o espaço fechado, protegido, de um colecionador que imagino rico, paradoxalmente ignorante e obrigatoriamente antipático. Tão antipático que às vezes ele desmembra o exemplar de uma obra muito rara para vender caderno por caderno. Tenho um amigo que tem uma página de uma Bíblia de Gutenberg desse jeito.

UE: Se eu desmembrasse e pulverizasse alguns dos meus livros com pranchas, ganharia cem vezes o que paguei por eles.

JCC: Essas pessoas que dividem os livros dessa maneira para vender suas gravuras são denominadas dilapidadores. São inimigos declarados da bibliofilia.

UE: Conheci um livreiro em Nova York que só vendia livros antigos dessa maneira. "Faço vandalismo democrático", ele me dizia. "Compro cópias incompletas e as dilapido. Você nunca poderia ter uma *Crônica de Nuremberg*, certo? Pois bem, vendo-lhe uma por 10 dólares." Mas seria verdade que ele dilapidava apenas as cópias incompletas? Nunca saberemos, e, aliás, ele morreu. Uma espécie de acordo havia sido firmado entre colecionadores e livreiros, com os colecionadores comprometendo-se a não comprar páginas avulsas e os livreiros desistindo de vendê-las. Mas há pranchas que estão separadas de seu livro (agora desaparecido) há cem ou duzentos anos. Como resistir à tentação de uma bela imagem emoldurada? Tenho um mapa em cores de Coronelli, esplêndido. De onde vem? Não sei.

Nosso conhecimento do passado deve-se a cretinos, imbecis ou adversários

JPT: *Através dos livros antigos que colecionam, vocês de certa forma dialogam com o passado? Os livros antigos são para vocês um testemunho do passado?*

UE: Eu disse que colecionava apenas livros relacionados a coisas equivocadas e falsas. Isso prova que esses livros não são testemunhas indiscutíveis. Entretanto, embora mintam, eles nos ensinam alguma coisa sobre o passado.

JCC: Tentemos imaginar um erudito no século XV. Esse homem possui cem ou duzentos livros que hoje, no caso de alguns, podem estar em nossas mãos. Há também em sua casa, nas paredes, cinco ou seis gravuras representando Jerusalém, Roma, gravuras bem imperfeitas. Ele tem uma noção distante e vaga do mundo. Se quer realmente conhecer a Terra, tem de viajar. Os livros são belos, mas insuficientes e, como você diz, frequentemente falsos.

UE: Mesmo na *Crônica de Nuremberg*, história ilustrada do mundo desde a Criação até os anos 1490, a mesma gravura é às vezes utilizada várias vezes para representar cidades diferentes. O que significa que a preocupação do tipógrafo é mais ilustrar do que informar.

JCC: Eu e minha mulher formamos uma coleção que poderíamos chamar de "A viagem à Pérsia". Os primeiros livros remontam ao século XVII. Um dos primeiros, e mais conhecidos, é o de Jean Chardin, datado de 1686. Outro exemplar do mesmo livro, publicado quarenta anos mais tarde, é um in-octavo, isto é, um pequeno formato em vários tomos. No tomo IX está alceada uma prancha desdobrável sobre as ruínas de Persépolis que deve medir, quando desdobrada, uns bons três metros de comprimento: pranchas gravadas são coladas umas em seguida às outras, e é preciso repetir a proeza para cada exemplar! É um trabalho inimaginável!

Esse mesmo texto foi reimpresso novamente no século XVII exatamente com as mesmas gravuras. E mais uma vez, cem anos mais tarde, como se aquela Pérsia não houvesse sofrido, em dois séculos, nenhum tipo de transformação. Agora estamos na época romântica. Nada, na França, lembra o século de Luís XIV. Mas a Pérsia, nos livros, permaneceu intacta, imutável. Como se estivesse congelada numa determinada série de imagens, como se fosse incapaz de mudar, decisão de editor que é de fato um juízo de civilização, de história. Continua-se, dessa forma, a publicar na França, até o século XIX, como livros científicos, obras escritas e impressas cem anos antes.

UE: Os livros às vezes se equivocam. Mas às vezes são nossos erros ou delírios interpretativos que estão em jogo.

Escrevi nos anos 1960 uma paródia (publicada em *Pastiches et Postiches*). Eu imaginava uma civilização do futuro encontrando sepultada num lago uma caixa de titânio contendo documentos colocados em local seguro por Bertrand Russell na época em que ele organizava as marchas antiatômicas e quando éramos literalmente obcecados, mais do que hoje, pela ameaça de uma destruição nuclear (não é que a ameaça tenha diminuído, muito pelo contrário, mas nos habituamos a ela). A paródia residia no fato de que os documentos salvos eram na realidade letras de canções vulgares. Os filólogos do futuro tentavam então reconstituir o que havia sido aquela civilização extinta, a nossa, a partir dessas canções, interpretadas como o auge da poesia de nossa época.

Mais tarde, eu soube que meu texto havia sido discutido num seminário de filologia grega no qual os pesquisadores se perguntavam se os fragmentos dos poetas gregos sobre os quais eles trabalhavam não eram da mesma natureza.

Com efeito, é aconselhável jamais reconstruir o passado apoiando-se sobre uma única fonte. Aliás, a distância temporal torna alguns textos impermeáveis a qualquer interpretação. Tenho uma boa história a esse respeito. Há uns vinte anos, a Nasa, ou outra organização governamental americana, perguntava-se onde enterrar exatamente os dejetos nucleares, que conservam, como sabemos, um poder radioativo durante 10 mil anos — em todo caso, trata-se de um número astronômico. O problema era que, se o território pudesse ser encontrado em algum lugar, eles não sabiam com que tipo de sinal seria preciso cercá-lo para vedar seu acesso.

Em dois ou três mil anos, não perdemos as chaves de leitura de diversas línguas? Se daqui a cinco mil anos os seres humanos desaparecessem e então desembarcassem visitantes vindos do espaço sideral, de que maneira entenderiam que não devem aventurar-se no território em questão? Esses especialistas encarregaram um linguista e um antropólogo, Tom Sebeok, de estudar uma forma de comunicação para amenizar as dificuldades. Após ter examinado todas as soluções possíveis, a conclusão de Sebeok foi que não existia nenhuma linguagem, sequer pictográfica, suscetível de ser compreendida fora do contexto que a vira nascer. Não sabemos interpretar corretamente as figuras pré-históricas encontradas nas cavernas. Nem a linguagem ideográfica pode ser efetivamente compreendida. A única possibilidade, segundo ele, teria sido formar confrarias religiosas que fizessem circular em seu seio um tabu, "Não tocar nisto", ou "Não comer isto". Um tabu pode atravessar gerações. Eu tinha tido outra ideia, mas não havia sido pago pela Nasa e a guardei para mim. Tratava-se de enterrar os dejetos radioativos de maneira que a primeira camada fosse bastante diluída e portanto muito pouco radioativa, a segunda um pouco mais, e assim por diante. Se por descuido nosso visitante enfiasse a mão naqueles dejetos, ou o que lhe servisse de mão, perderia apenas uma falange. Se teimasse, perderia provavelmente um dedo. Mas podemos ter certeza de que não teria perseverado.

JCC: Descobrimos as primeiras bibliotecas assírias quando não conhecíamos nada da escrita cuneiforme. Sempre essa questão da perda. O que salvar? O que transmitir e como transmitir? Como ter certeza de que a linguagem que utilizo hoje será compreendida amanhã e depois de amanhã? Não há civilização concebível se ela não coloca essa questão. Você evoca essa situação em que todos os códigos linguísticos desapareceram e em que as línguas permanecem mudas e obscuras. Também podemos imaginar o contrário. Se hoje faço, num muro, um grafite que não faz nenhum sentido, amanhã alguém pode muito bem afirmar tê-lo decifrado. Passei um ano me divertindo inventando escritas. Tenho certeza de que outros poderiam, amanhã, descobrir um sentido para elas.

UE: Naturalmente, porque não há nada como o maluco para produzir interpretação.

JCC: Ou a interpretação para produzir o maluco. Esta é a contribuição dos surrealistas, que trabalhavam para aproximar palavras sem nenhum parentesco, ou relação, para fazer irromper um sentido oculto.

UE: Encontramos a mesma coisa em filosofia. A filosofia de Bertrand Russell não engendrou tantas interpretações quanto a de Heidegger. Por quê? Porque Russell é particularmente claro e inteligível, ao passo que Heidegger é obscuro. Não estou dizendo que um tinha razão e o outro estava errado. Da minha parte, desconfio de ambos. Mas quando Russell diz uma besteira, ele a diz de maneira clara, enquanto Heidegger, mesmo quando diz um clichê, temos dificuldade para percebê-lo. Portanto, passando à história, para durar é preciso ser obscuro. Heráclito já sabia disso...

Um pequeno parêntese: sabe por que os pré-socráticos só escreviam fragmentos?

JCC: Não.

UE: Porque viviam em meio a ruínas. Piadas à parte, em geral só conservamos o vestígio desses fragmentos através dos comentários que eles suscitaram, às vezes vários séculos mais tarde. A maior parte do que sabemos sobre a filosofia dos estoicos, que foi provavelmente uma realização intelectual cuja importância ainda mal avaliamos, o devemos a Sexto Empírico, que escreveu para refutar suas ideias. Da mesma forma, conhecemos vários fragmentos pré-socráticos através dos escritos de Aécio, que era um rematado imbecil. Basta ler seus depoimentos para percebermos isso. Logo, podemos desconfiar que o que ele nos contou era absolutamente fiel ao espírito dos filósofos pré-socráticos. Ainda precisaríamos citar o caso dos gauleses sob a pena de César, o dos germanos sob a de Tácito. Sabemos alguma coisa desses povos através dos depoimentos de seus inimigos.

JCC: Poderíamos dizer a mesma coisa sobre os padres da Igreja falando dos heréticos.

UE: É um pouco como se só conhecêssemos a filosofia do século XX através das encíclicas de Ratzinger.

JCC: O personagem de Simão Mago me fascinou. Dediquei-lhe um livro, tempos atrás. Contemporâneo de Cristo, é conhecido apenas pelos Atos dos Apóstolos, isto é, por aqueles que o declararam herético e o acusaram de "simonia", ou seja, a intenção que teria tido de comprar de são Pedro os poderes mágicos de Jesus. Mas isso é tudo que sabemos dele, ou quase tudo. Mas quem era ele na realidade? Discípulos o seguiam, diziam-no milagreiro. Ele não podia ser o ridículo charlatão que seus inimigos nos apresentam.

UE: Sabemos acerca dos bogomiles, dos paulicianos, por seus adversários, que eles comiam criancinhas. Mas já diziam a mesma coisa dos judeus. Todos os inimigos, sejam de quem for, sempre comeram criancinhas.

JCC: Uma grande parte do nosso conhecimento do passado, que, no mais das vezes, nos chegou por intermédio dos livros, deveu-se então a cretinos, imbecis ou adversários fanatizados. É um pouco como se, tendo desaparecido todos os vestígios do passado, só tivéssemos para reconstituí-lo as obras desses loucos literários, esses gênios improváveis sobre cuja sorte André Blavier debruçou-se longamente.

UE: Um personagem do meu *Pêndulo de Foucault* pergunta-se se não podemos nos colocar o mesmo tipo de questão a respeito dos evangelistas. Talvez Jesus tenha dito coisas bem diferentes do que eles nos relataram.

JCC: Que tenha dito algo diferente é inclusive provável. Frequentemente esquecemos que os mais antigos textos cristãos que possuímos são as Epístolas de são Paulo. Os Evangelhos são mais tardios. Ora, a personalidade de Paulo, o verdadeiro inventor do cristianismo, é complexa. Teve, conjectura-se, algumas calorosas discussões com Tiago, irmão de Jesus, a respeito da circuncisão, que é então uma questão fundamental. Porque Jesus, em vida, e Tiago, após a morte de seu irmão, continuavam a ir ao Templo. Permaneciam judeus. Foi Paulo que separou o cristianismo do judaísmo e se dirigiu aos "gentios", isto é, aos não judeus. É ele o pai fundador.

UE: Naturalmente, como era de uma inteligência superior, compreendeu que era preciso vender o cristianismo aos romanos, caso pretendessem dar ampla repercussão à palavra de Jesus. É por esse motivo que, na tradição que vem de Paulo, e portanto nos Evangelhos, Pilatos é covarde, decerto, mas não é efetivamente culpado. Logo, os verdadeiros responsáveis pela morte de Jesus eram os judeus.

JCC: E Paulo provavelmente compreendeu que não conseguiria vender Jesus aos judeus como um novo deus, como o único deus, porque o judaísmo ainda é uma religião nova na época, forte, conquistadora mesmo, catequista, ao passo que a religião greco-romana está em plena decadência. Não é o caso da civilização romana em si, a qual transforma metodicamente o mundo antigo, uniformiza-o e impõe aos povos aquela *pax romana* que irá durar séculos. A América conquistadora de Bush nunca foi capaz de propor ao mundo, a partir de uma civilização bem definida, e válida para todos, esse tipo de paz.

UE: Se pensamos em loucos indiscutíveis, devemos mencionar os tele-evangélicos americanos. Uma rápida olhada domingo de manhã nas redes americanas basta para dar uma ideia da extensão e da gravidade do problema. O que Sacha Baron Cohen descreve em *Borat* não é evidentemente fruto de sua imaginação. Lembro-me que nos anos 1960, para poder ensinar na Oral Roberts University, em Oklahoma (Oral Roberts era um desses tele-evangélicos dominicais), era preciso responder a perguntas como: "*Do you speak in tongues?*" ("Você tem o dom de línguas?"), o que subentende sua habilidade em falar numa língua que ninguém conhece mas que todos compreendem, fenômeno descrito nos Atos dos Apóstolos. Um colega foi admitido porque respondeu "*Not yet*" ("Ainda não").

JCC: Com efeito, assisti a diversos ofícios nos Estados Unidos com imposição das mãos, cura artificial. É medonho. Havia momentos em que eu me julgava num hospício. Ao mesmo tempo, não acho que devamos nos preocupar muito com esses fenômenos. Sempre achei que o fundamentalismo, o radicalismo e fanatismo religioso seriam graves, e até gravíssimos, se Deus existisse, se Deus, de uma hora para outra, tomasse o partido de seus devotos exaltados. Mas, até o presente, não se pode dizer que ele tenha se engajado nas fileiras de uns ou de outros. Parece-me tratar-se de movimentos ascendentes e depois descendentes, na medida em que são privados, necessariamente, de todo apoio sobrenatural e marcados pela nulidade desde o início. O perigo talvez seja que os neocriacionistas americanos terminem por obter que se ensinem as "verdades" contidas na Bíblia como verdades científicas, e isto nas escolas, o que seria um retrocesso. Eles não são os únicos a querer impor seus pontos de vista dessa forma. Visitei, há pelo menos 15 anos, na rua des Rosiers, em Paris, uma escola rabínica onde "professores" ensinavam que o mundo havia sido criado por Deus há pouco mais de seis mil anos, e que todos os vestígios pré-históricos haviam sido dispostos por Satã, para nos enganar, nas camadas sedimentares.

Imagino que as coisas não mudaram nada. Poderíamos aproximar esses "ensinamentos" daquele de são Paulo ao queimar a ciência grega. A crença é sempre mais forte que o conhecimento, podemos nos espantar com isso e lastimá-lo, mas é assim. Seria excessivo, entretanto, dizer que esses ensinamentos perversos abalam o curso das coisas. Não, as coisas permanecem o que são. Convém também lembrar que Voltaire era um aluno dos jesuítas.

UE: Todos os grandes ateus saíram de um seminário.

JCC: E a ciência grega, apesar das tentativas de calá-la, acabou triunfando. A despeito de o caminho dessa verdade estar minado por obstáculos, fogueiras, prisões e, às vezes, campos de extermínio.

UE: O surto religioso não está ligado a períodos obscurantistas, ao contrário. Ele irrompe nas eras hipertecnológicas, como a nossa, corresponde ao fim das grandes ideologias, a períodos de extrema dissolução moral. Temos então necessidade de acreditar em alguma coisa. É na época em que o Império Romano alcança seu maior poderio, quando os senadores se exibem com prostitutas e usam batom nos lábios, que os cristãos descem às catacumbas. São movimentos de reequilíbrio antes normais.

Existem então várias expressões possíveis dessa necessidade de crer. Ela pode se traduzir num interesse pela ciência dos tarôs ou na adesão ao espírito Nova Era. Pensemos no retorno da polêmica sobre o darwinismo, não apenas por parte dos fundamentalistas protestantes, mas também pela dos católicos de direita (está em vias de acontecer na Itália). Fazia tempo que a Igreja Católica não se preocupava mais com a teoria da evolução: sabia-se, desde os padres da Igreja, que a Bíblia falava através de metáforas e que, por conseguinte, os seis dias da Criação podiam perfeitamente corresponder a eras geológicas. Aliás, o Gênesis é um tanto darwinista. O homem só aparece depois dos outros animais e é feito de barro. É portanto ao mesmo tempo um produto da terra e o ápice de uma evolução.

A única coisa que um crente gostaria de salvar é que essa evolução não foi casual, mas resultado de um "desígnio inteligente". Entretanto, a polêmica atual não diz respeito ao problema do desígnio, mas do darwinismo em sua totalidade. Assistimos, portanto, a um retrocesso. Mais uma vez, buscamos nas mitologias o refúgio diante das ameaças da tecnologia. E não é que essa síndrome ainda pode assumir a forma de uma devoção coletiva por uma personalidade como Padre Pio!

JCC: Uma retificação, de toda forma. Nós parecemos denunciar a crença como a mãe de todos os crimes. Porém, de 1933, data da chegada de Hitler ao poder, à morte de Stálin, vinte anos depois, contamos no nosso planeta perto de 100 milhões de mortes violentas. Mais, talvez, do que em todas as outras guerras da história do mundo. Ora, o nazismo e o marxismo são dois monstros ateus. Quando o mundo estupefato desperta após o massacre, parece absolutamente normal voltar às práticas religiosas.

UE: Mas os nazistas gritavam *"Gott mit uns"*, "Deus está conosco", e praticavam uma religiosidade pagã! Quando o ateísmo se torna religião de Estado, como na União Soviética, não há mais nenhuma diferença entre um crente e um ateu. Ambos podem tornar-se fundamentalistas, talibãs. Escrevi tempos atrás que não era exato que a religião era o ópio do povo, como escreveu Marx. O ópio o teria neutralizado, anestesiado, adormecido. Não, a religião é a cocaína do povo. Ela excita as massas.

JCC: Digamos, uma mistura de ópio e cocaína. É verdade que o fundamentalismo muçulmano parece retomar hoje o lábaro do ateísmo militante, e que podemos olhar o marxismo e o nazismo, retrospectivamente, como duas estranhas religiões pagãs. Mas que massacres!

Nada detém a vaidade

JPT: *O passado nos chega deformado de todas as maneiras possíveis, principalmente quando a estupidez encarrega-se de ser seu veículo. Vocês também insistiram em dizer que a cultura gosta de selecionar apenas os picos da criação, os Himalaias, desprezando a quase totalidade do que não constitui realmente nossa glória. Podem nos dar alguns exemplos dessa outra categoria de "obra-prima"?*

JCC: Vem-me logo à mente uma obra extraordinária em três tomos, *A loucura de Jesus*, na qual o autor explica que esse personagem era na realidade "um degenerado físico e mental". O autor, Binet-Sanglet, era entretanto um professor renomado, que publicou seu ensaio no início do século XX, em 1908. Cito alguns trechos antológicos: "Tendo apresentado uma anorexia de longa duração e uma crise de hematidrose, morto prematuramente na cruz de uma síncope de deglutição facilitada pela existência de um escoamento pleurético possivelmente de natureza tuberculosa e sediando-se à esquerda..." O autor esclarece que Jesus era baixinho e atarracado, que era originário de uma família de vinhateiros onde bebia um bom vinho etc. Em suma, "depois de 1.900 anos, a humanidade ocidental vive sobre um erro de diagnóstico". É um livro de maluco, mas composto com uma gravidade que impõe respeito. Tenho outra joia. Trata-se de um prelado francês do século XIX que um dia foi agraciado com a iluminação. Ele rumina que os ateus não são perversos, não, nem malvados. São simplesmente loucos. O remédio é então muito simples. É necessário confiná-los em asilos para ateus e dar-lhes tratamento. Este consiste em duchas de água fria e na obrigação de lerem diariamente vinte páginas de Bossuet. A maioria recuperaria a saúde.

O autor, que se chamava Lefebre e visivelmente não batia bem da bola, foi apresentar seu livro aos grandes alienistas da época, Pinel, Esquirol, que evidentemente não o receberam. Escrevi um filme para a televisão, *Credo*, dirigido há 25 anos por Jacques Deray, tomando exatamente o contrapé desse prelado desmiolado, determinado a confinar e esguichar todos os ateus. Eu tinha lido no *Le Monde* um artigo dizendo que um professor de história de Kiev, na Ucrânia, fora detido pela KGB, interrogado, acusado de loucura e internado porque acreditava em Deus. Imaginei todo o interrogatório.

UE: Teríamos que voltar muito atrás. Trabalhando no meu livro sobre a busca de uma língua perfeita, dei com linguistas loucos, com autores de teorias loucas sobre as origens da linguagem, entre os quais os mais divertidos são os nacionalistas — para quem a língua de seus países tinha sido a de Adão. Para Guillaume Postel, os celtas descendiam de Noé. Outros, na Espanha, fizeram a origem do catalão remontar a Tubal, filho de Jafé. Para Goropius Becanus, todas as línguas derivavam de uma língua primária que era o dialeto de Anvers. Abraham Milius também mostrou como a língua hebraica engendrara a língua teutônica, forma mais pura do dialeto de Anvers. O barão de Ricolt sustentava que o flamengo era a única língua falada no berço da humanidade. Também no século XVII, Georg Stiernhielm, em seu *De linguarum origine praefatio*, demonstrava que o gótico, que para ele era o antigo norueguês, estava na origem de todas as linguagens conhecidas. Um cientista sueco, Olaus Rudbeck, em seu *Atlantica sive Mannheim vera Japheti posterorum sedes ac patria* (três mil páginas!), afirmava que a Suécia tinha sido a pátria de Jafé e que o sueco tinha sido a língua original de Adão. Um dos contemporâneos de Rudbeck, Andreas Kempe, escreveu uma paródia de todas essas teorias, em que Deus falava sueco, Adão dinamarquês, enquanto Eva era seduzida por uma serpente francófona. Para chegar mais tarde a Antoine de Rivarol, que decerto não sustentava que a língua francesa era a língua original, mas que era a mais racional porque o inglês era complicado demais, o alemão brutal demais, o italiano muito confuso etc.

Depois disso, chegamos a Heidegger, que afirma que a filosofia só é possível em grego ou alemão — e azar o de Descartes e Locke. Mais recentemente, há os piramidólogos. O mais célebre, Charles Piazzi Smyth, astrônomo escocês, descobrira na pirâmide de Quéops todas as medidas do universo. O gênero é muito rico, substituído hoje pela Internet. Digite a palavra "pirâmide" na Internet. A altura da pirâmide multiplicada por um milhão representa a distância entre a Terra e o Sol; seu peso multiplicado por um bilhão corresponde ao peso da Terra; duplicando o comprimento dos quatro lados obtemos um sessenta avos de grau na latitude do equador: a pirâmide de Quéops está portanto na escala de 1/43.200 da Terra.

JCC: Da mesma forma que alguns se interrogam, por exemplo, para saber se Mitterrand é a encarnação de Tutmés II.

JPT: *Mesma coisa com a pirâmide de vidro do Louvre, revestida, afirmam, com 666 ladrilhos de vidro, ainda que esse número tenha sido regularmente desmentido por seus idealizadores e pelos que nela trabalharam. É verdade que Dan Brown confirmou esse número...*

UE: Nosso catálogo de loucuras poderia continuar ao infinito. Por exemplo, vocês conhecem o célebre doutor Tissot e suas pesquisas sobre a masturbação como causa de cegueira, surdez, *dementia praecox* e outras moléstias. Eu acrescentaria a obra de um autor cujo nome não me lembro, sobre a sífilis como doença perigosa porque pode levar à tuberculose.

Um certo Andrieu, em 1869, publicou um livro sobre os inconvenientes dos palitos de dentes. Um senhor Ecochoard escreveu sobre as diferentes técnicas de empalamento, outro, vulgo Foumel, em 1858, sobre a função das bengaladas, fornecendo uma lista de escritores e artistas célebres que haviam sido surrados dessa forma, de Boileau a Voltaire e a Mozart.

JCC: Não se esqueça de Edgar Bérillon, membro do Instituto, que em 1915 escreveu que os alemães defecavam mais copiosamente que os franceses. Seria inclusive pelo volume de suas fezes que perceberíamos que passaram por aqui ou por ali. Dessa forma, um viajante pode saber que atravessou a fronteira entre a Lorena e o Palatinato observando, na beira das estradas, o tamanho dos toletes. Bérillon fala da "poliquesia da raça alemã". É inclusive o título de um de seus livros.

UE: Em 1843, um certo Chesnier-Duchen criou um sistema para traduzir do francês para hieróglifos, os quais poderiam assim ser compreendidos por todos os povos. Já um tal de Chassaignon escreveu em 1779 quatro volumes intitulados *Cataratas da imaginação*, dilúvio da escribomania, vômito literário, hemorragia enciclopédica, monstro dos monstros, e deixo que vocês imaginem o conteúdo (por exemplo, encontramos lá um elogio do elogio e uma reflexão sobre as raízes do alcaçuz).

O fenômeno mais curioso é o de loucos que escreveram sobre loucos. Gustave Brunnet, em *Os loucos literários* (1880), não faz nenhuma distinção entre obras loucas e obras sérias mas emanando de pessoas que provavelmente sofreram de problemas psiquiátricos. De sua lista, aliás saborosíssima, constam desde Henrion, que em 1718 apresentara uma dissertação sobre a estatura de Adão, até Cyrano de Bergerac, Sade, Fourier, Newton, Poe e Walt Whitman. No caso de Sócrates, ele admitia que, com efeito, este não era um escritor, jamais tendo escrito, mas que não obstante convinha classificar entre os loucos alguém que julgava ter um demônio familiar (tratava-se claramente de monomania).

Em seu livro sobre os loucos literários, Blavier cita (entre 1.500 títulos!) apóstolos de novas cosmogonias, higienistas que enaltecem as vantagens de se andar para trás, um certo Madrolle que aborda a teologia das ferrovias, um Passon que publica em 1829 uma *Demonstração da imobilidade da Terra*, e o trabalho de um tal de Tardy, que, em 1878, demonstra que a Terra gira sobre si mesma em 48 horas.

JPT: *Em* O pêndulo de Foucault, *você fala de uma editora que é o que em inglês chamamos de uma* vanity press, *isto é, uma casa que publica obras por conta do autor. Este também é um terreno fértil em obras-primas...*

UE: Sim. Mas não se trata de uma invenção romanesca. Antes de escrever esse romance, eu tinha publicado um inventário das edições desse tipo. Você encaminha seu texto a uma dessas editoras, que não poupa elogios sobre suas qualidades literárias evidentes e lhe propõe publicá-lo. Você exulta. Eles lhe dão para assinar um contrato que estipula que você deverá financiar a edição do seu manuscrito, em troca do que o editor tentará emplacar uma profusão de resenhas e até, por que não, prêmios literários lisonjeadores. O contrato não estipula o número de exemplares que o leitor deverá imprimir, mas insiste em dizer que os não vendidos serão destruídos, "salvo se você os arrematar". O editor imprime trezentos exemplares, cem destinados ao autor, que os distribui para parentes e amigos, e duzentos para os jornais, que os encaminham diretamente para a cesta de lixo.

JCC: Só de ver o nome do editor.

UE: Mas a editora possui suas próprias revistas, nas quais resenhas logo virão a ser publicadas em homenagem a esse livro "importante". Para angariar a admiração dos amigos, o autor compra mais, digamos, cem exemplares (que o editor corre para imprimir). Ao cabo de um ano, ele é informado que as vendas não foram muito boas e que a sobra da tiragem (que era, dizem-lhe, de 10 mil) será destruída. Quantos ele quer comprar? O autor fica terrivelmente frustrado diante da ideia de ver seu dileto livro desaparecer. Então compra 3 mil. O editor manda imediatamente imprimir os 3 mil, que não existiam até então, e os vende ao autor. O negócio é lucrativo, uma vez que o editor não tem rigorosamente nenhum custo de distribuição.

Outro exemplo de *vanity press* (mas poderíamos citar um monte de publicações similares) é um livro que eu possuo, o *Dicionário biográfico dos italianos contemporâneos*. O princípio é pagar para figurar ali. Você encontra "Pavese, Cesare, nascido em 9 de setembro de 1908 em Santo Stefano Belbo e morto em Turim, em 26 de agosto de 1950", com a menção: "Tradutor e escritor." Fim. Em seguida, você encontra duas páginas inteiras sobre um certo Paolizzi Deodato, do qual ninguém nunca ouviu falar. E, dentre esses anônimos célebres, talvez figure um mais ilustre, um certo Giulio Ser Giacomi, que cometeu um calhamaço de 1.500 páginas, sua correspondência com Einstein e Pio XII, livro que contém apenas as missivas que ele endereçou a ambos, visto que, obviamente, nenhum dos dois jamais lhe respondeu.

JCC: Produzi um livro "por conta do autor", mas sem expectativa de vendê-lo. Era sobre o ator Jean Carmet.

Redigido após sua morte e destinado a alguns amigos, digitei-o no meu computador com a ajuda de uma colaboradora. Em seguida, mandamos alcear e encadernar e tirar cinquenta exemplares. Hoje, qualquer um pode "fazer" um livro. Distribuí-lo é outra coisa.

UE: Um jornal italiano, muito sério aliás, oferece a seus leitores editar seus textos por demanda e por uma soma bastante módica. O editor não aporá seu nome nessas publicações, pois não quer responder pelas ideias do autor. É possível que esse gênero de operação reduza a atividade das *vanity presses*, mas é inegável que irá aumentar a atividade dos vaidosos. Nada detém a vaidade.

Mas tem também o lado positivo da história. Essas edições são anônimas, da mesma forma que a livre circulação via Internet de textos não publicados é a forma moderna do *samizdat*, única maneira de difundir suas ideias sob uma ditadura e assim escapar à censura. Todas as pessoas que antigamente faziam *samizdats* por sua conta e risco podem agora colocar seus textos on-line sem grande perigo.

Aliás, a técnica do *samizdat* é muito antiga. Você encontra livros do século XVII publicados em cidades chamadas Francopolis, ou coisa que o valha, cidades evidentemente inventadas. Tratava-se, nesse caso, de livros que podiam fazer seus autores serem acusados de heresia. Sabendo disso, autores e tipógrafos transformaram-nos em objetos clandestinos. Se você tiver em sua biblioteca um livro dessa época que não traga na folha de rosto o nome do editor, você decerto está lidando com um livro clandestino.

JCC: Na Polônia, nos anos 1981-1984, mãos anônimas os enfiavam por baixo das portas, à noite.

UE: A contrapartida informática desse exercício, nas democracias onde, em princípio, a censura não existe, é o texto recusado por todas as editoras e que o autor coloca on-line. Conheci jovens autores na Itália que procederam dessa forma. Para alguns, o procedimento trouxe sorte. Um editor leu um de seus textos e os chamou.

JPT: *Parecemos apostar aqui no faro infalível das editoras. Sabemos muito bem que não é nada disso. Esta é outra página divertida ou estarrecedora da história do livro. Talvez devamos dizer alguma coisa sobre isso. Os editores são mais clarividentes que seus autores?*

UE: Eles mostraram que às vezes podiam ser suficientemente estúpidos para recusar determinadas obras-primas. Trata-se com efeito de outro capítulo na história das burrices. "Talvez eu seja um pouco limitado, mas não posso entender por que dedicar trinta páginas a contar como alguém se vira e revira na cama sem conseguir pregar o olho." Trata-se do primeiro relatório de leitura sobre *Em busca do tempo perdido*, de Proust. A propósito de *Moby Dick*: "Há poucas chances de um livro como esse interessar ao público jovem." A Flaubert, a propósito de *Madame Bovary*: "Cavalheiro, o senhor sepultou seu romance sob um entulho de detalhes que são bem delineados mas completamente supérfluos." A Emily Dickinson: "Suas rimas soam todas falsas." A Colette, a respeito de *Claudine na escola*: "Receio não vender mais do que dez exemplares." A George Orwell, sobre *A revolu-*

ção dos bichos: "Impossível vender uma história de animais nos Estados Unidos." Para o *Diário de Anne Frank*: "Essa garota parece nem desconfiar de que seu livro não passa de um objeto de curiosidade." Mas não há apenas os editores, há também os produtores de Hollywood. Eis o ponto de vista de um *talent scout* a respeito da primeira performance de Fred Astaire, em 1928: "Ele não sabe representar, não sabe cantar, é careca e possui alguns rudimentos no domínio da dança." E a respeito de Clark Gable: "O que podemos fazer com alguém com orelhas como essas?"

JCC: Essa lista realmente dá vertigens. Tentemos imaginar, da massa de tudo que foi escrito e publicado no mundo, a parte que filtramos como realmente bela, emocionante, inesquecível, ou simplesmente a lista das obras dignas de serem lidas. Um por cento? Um em cada mil? Fazemos uma elevadíssima ideia do livro, sacralizando-o levianamente. Porém, na realidade, se examinarmos detidamente, uma espantosa parte de nossas bibliotecas é composta de livros escritos por pessoas sem nenhum talento, ou por cretinos, ou por obcecados. Nos 200 ou 300 mil rolos que continha a Biblioteca de Alexandria e que viraram fumaça, havia com certeza uma grande maioria de disparates.

UE: Não acredito que a Biblioteca de Alexandria possuísse tantos livros assim. Nós sempre exageramos quando falamos das bibliotecas da Antiguidade, já dissemos isso. Ficou demonstrado que algumas Bibliotecas mais famosas da Idade Média continham no máximo quatrocentos livros! Devia haver mais em Alexandria, claro, uma vez que se conta que, durante o primeiro incêndio, no tempo de César, incêndio que afetara apenas uma ala, 40 mil rolos foram queimados. Em todo caso, temos que tomar cuidado ao comparar nossas bibliotecas com as da Antiguidade. A produção de papiros não pode ser comparada à dos livros impressos. É necessário muito mais tempo para confeccionar um rolo ou códice único, escrito à mão, do que para imprimir uma grande quantidade de exemplares de um mesmo livro.

JCC: Mas a Biblioteca de Alexandria é um projeto ambicioso, uma biblioteca de Estado que não pode nem de longe ser comparada à biblioteca privada de um rei, ainda que de um grande rei, ou à de um mosteiro. Alexandria pode ser comparada antes a Pérgamo, cuja biblioteca também foi vítima de um incêndio. O destino de toda biblioteca talvez seja pegar fogo um dia.

JPT: *Mas agora sabemos que o fogo não queima apenas obras-primas.*

JCC: Consolo que julgamos doravante incontestável. Uma maioria de livros insípidos desaparece, alguns dos quais, entretanto, seriam ainda assim divertidos e de certa forma instrutivos. A leitura desses livros sempre nos divertiu em nossas vidas. Outros nos inquietaram, se pensarmos na saúde mental de seus autores. E também conhecemos livros maus, agressivos, carregados de ódio, de insultos, conclamando ao crime, à guerra. Sim, livros realmente aterradores. Objetos de morte. Se tivéssemos sido editores, teríamos publicado *Mein Kempf?*

UE: Em certos países, existem leis contra os negacionistas. Mas há uma diferença entre o direito de não publicar um livro e o de destruir esse livro uma vez ele publicado.

JCC: A viúva de Céline, por exemplo, sempre impediu que se reeditassem *Bagatelas por um massacre*. Numa época, lembro bem, era impossível encontrá-lo.

UE: Na minha antologia *História da feiura*, eu tinha escolhido um trecho de *Bagatelas* a respeito da feiura do judeu para os antissemitas, mas quando o editor pediu os direitos de reprodução, a viúva recusou. Isso não impede que possamos encontrar esse livro em versão integral na Internet, num site nazista, naturalmente.

Falei dos loucos que defendiam a primazia cronológica de sua língua pátria. Mas eis outro candidato que, na sua época, propôs verdades em parte corretas, em parte discutíveis. Em todo caso, foi qualificado como herético e escapou da fogueira por milagre. Penso no *Prae-Adamitae* de Isaac de La Peyrère, autor protestante francês do século XVII. Ele explicava que o mundo não tinha 6 mil anos, como dizia a Bíblia, uma vez que haviam encontrado genealogias chinesas que atestavam uma duração muito mais longa. A missão de Cristo, que veio redimir a humanidade do pecado original, não interessa portanto senão ao mundo judaico mediterrâneo, e não a outros mundos que não haviam sido afetados pelo pecado original. É um pouco o problema levantado pelos libertinos a respeito da pluralidade dos mundos. Se a hipótese da pluralidade dos mundos fosse exata, como justificaríamos o fato de que Jesus Cristo tivesse vindo à Terra e a mais nenhum lugar?

A menos que imaginemos que tenha sido crucificado em uma miríade de planetas...

JCC: Quando eu estava trabalhando em *A Via Láctea*, com Buñuel, filme que ilustra as heresias da religião cristã, imaginei uma cena de que gostávamos muito mas que custava muito caro e não figura no filme. Um disco voador pousa em algum lugar fazendo um grande estrépito e a tampa, ou o cockpit, se abre. Dele, sai uma criatura verde com antenas brandindo uma cruz na qual está pregada outra criatura verde com antenas.

Sem ir tão longe, volto um instante aos conquistadores espanhóis. O problema deles, ao desembarcarem na América, era saber por que lá nunca se havia falado no Deus dos cristãos, em Jesus, no Salvador. Cristo não dissera: "Ide e ensinai a todas as nações"?

Deus não podia ter-se enganado ao pedir a seus discípulos para ensinarem a verdade nova a todos os homens. A conclusão lógica então era: essas criaturas não são homens. Como disse Sepúlveda, "Deus não os quis em seu reino". Alguns, para ainda assim justificar a humanidade dos nativos da América, chegaram a inventar falsas cruzes que teriam encontrado por lá e que explicariam a presença de apóstolos cristãos no continente antes da chegada dos espanhóis. Mas a trapaça foi desmascarada.

Elogio da burrice

JPT: *Então vocês dois são, se não me engano, dois apaixonados pela burrice...*

JCC: Apaixonados fiéis. Ela pode contar conosco. Quando realizamos, nos anos 1960, com Guy Bechtel, nosso *Dicionário da burrice*, que teve diversas edições, ruminamos: Por que só dar valor à história da inteligência, das obras-primas, dos grandes monumentos do espírito? A burrice, cara a Flaubert, parecia-nos infinitamente mais difundida, o que é óbvio, mas também mais fecunda, mais reveladora e, num certo sentido, mais correta. Escrevemos uma introdução que intitulamos "Elogio da burrice". Sugeríamos até dar "aulas de burrice".

Tudo que foi escrito de idiota sobre os negros, os judeus, os chineses, as mulheres, os grandes artistas, parece-nos infinitamente mais revelador do que as análises inteligentes. Quando o mais que reacionário monsenhor de Quélen, sob a Restauração, declara no púlpito de Notre-Dame, perante uma plateia de aristocratas em sua maioria emigrados que haviam retornado à França: "Não apenas Jesus Cristo era filho de Deus, como era de excelente família pelo lado da mãe", ele nos diz muitas coisas não apenas sobre si mesmo, o que não teria senão um interesse relativo, mas sobre a sociedade e a mentalidade de sua época.

Lembro-me também desta pérola que encontramos em Houston Stewart Chamberlain, notório antissemita: "Qualquer um que pretenda que Jesus Cristo era judeu ou é ignorante ou desonesto."

UE: Entretanto, eu gostaria que chegássemos a uma definição. O que é sem dúvida de fundamental importância para o nosso assunto! Fiz uma distinção, num dos meus livros, entre o imbecil, o cretino e o estúpido. O cretino não nos interessa. É aquele que leva sua colher à testa em vez de mirar na boca, é quem não compreende o que você lhe diz. Caso encerrado. A imbecilidade, por sua vez, é uma qualidade social, e você pode inclusive chamá-la de outra forma, uma vez que, para alguns, "estúpido" e "imbecil" são a mesma coisa. O imbecil é aquele que vai dizer o que não deveria dizer num dado momento. É autor de gafes involuntárias. O estúpido é diferente, seu defeito não é social, mas lógico. À primeira vista, temos a impressão de que raciocina de forma correta. É difícil detectar à primeira vista o que não está batendo direito. Eis por que ele é perigoso.

Dou um exemplo. O estúpido dirá: "Todos os habitantes do Pireu são atenienses. Todos os atenienses são gregos. Logo, todos os gregos são habitantes do Pireu." Você suspeita que alguma coisa não bate porque sabe que há gregos que são espartanos, por exemplo. Mas você não é capaz de demonstrar onde e como ele se enganou. Você precisaria conhecer todas as regras da lógica formal.

JCC: Para mim, o estúpido não se contenta em enganar. Ele afirma seu erro alto e bom som, proclama-o, quer que todos o ouçam. É inclusive surpreendente ver o quanto a estupidez é tonitruante: "Agora sabemos de fonte segura que..." e segue-se uma besteirada.

UE: Você tem toda a razão. Se você brada insistentemente uma verdade comum, banal, ela logo se torna uma estupidez.

JCC: Flaubert disse que a burrice é querer concluir. O imbecil pode chegar por si mesmo a soluções peremptórias, definitivas. Ele quer encerrar para sempre determinada questão. Mas essa burrice, frequentemente recebida como verdade por determinada sociedade, é para nós, com o recuo da história, extremamente instrutiva. A história da beleza e da inteligência à qual limitamos nosso ensino, ou melhor, à qual outros limitaram nosso ensino, não passa de uma parte ínfima da atividade humana, como dissemos. Talvez seja inclusive preciso considerar — aliás, você tenta — uma história geral do erro e da ignorância, além da feiura.

UE: Falamos de Aécio e da maneira como ele explicou os trabalhos dos pré-socráticos. É cristalino: esse sujeito era estúpido. Quanto à burrice, pelo que você falou, não me parece ser idêntica à estupidez. Seria antes uma maneira de administrar a estupidez.

JCC: De maneira enfática, geralmente declamatória.

UE: É possível ser estúpido sem ser completamente burro. Estúpido por acidente.

JCC: Sim, mas assim o sujeito não se estabelece.

UE: É possível viver da burrice, é verdade. No exemplo que você citava, dizer que Jesus, pelo lado da mãe, era de "excelente família", não é na minha opinião uma completa estupidez. Pura e simplesmente porque, do ponto de vista da exegese, é verdade. Creio que estamos aqui resolutamente do lado da imbecilidade. Posso dizer que alguém é de boa família. Não posso dizê-lo de Jesus Cristo, porque isso é menos importante, no fim das contas, do que ser filho de Deus. Logo, Quélen diz uma verdade histórica, mas inoportunamente. O imbecil fala sempre sem discernimento.

JCC: Penso nesta outra citação: "Não sou de boa família. Mas meus filhos são." A menos que se trate de um humorista, lidamos na verdade com um imbecil complacente. E voltemos ao monsenhor de Quélen. Afinal, trata-se de um arcebispo de Paris, de um espírito decerto bastante conservador, mas exercendo grande autoridade moral, nesse momento, na França.

UE: Então corrijamos nossa definição. A burrice é uma forma de administrar a estupidez com orgulho e assiduidade.

JCC: É, não está mal. Poderíamos também enriquecer nossas conversas com citações recolhidas em todos aqueles, e são muitos, que procuraram demolir os que hoje consideramos grandes autores, ou artistas. Os insultos são sempre mais bombásticos que os elogios. Temos que admiti-lo e compreendê-lo. Um verdadeiro poeta desbrava seu caminho sob um temporal de insultos. A Quinta de Beethoven era um "estrépito de obscenidades", o "fim da música". Ao mesmo tempo, ninguém mais tem dúvida acerca dos nomes ilustres responsáveis por esse rosário de insultos pendurados no pescoço de Shakespeare, Balzac, Hugo etc. O próprio Flaubert dizia sobre Balzac: "Que homem teria sido Balzac se soubesse escrever."

E depois tem a burrice patriótica, militarista, nacionalista, racista. Você pode se debruçar no *Dicionário da burrice* no verbete dedicado aos judeus. As citações falam menos do ódio que da mera burrice. Da burrice cruel. Exemplo: os judeus, por natureza, têm inclinação pelo dinheiro. A prova: quando uma mãe judia tem um parto difícil, basta agitar moedas de prata perto de sua barriga para que o bebê judeu apareça de mãos estendidas. Isso foi escrito em 1888 por um certo Fernand Grégoire. Escrito e publicado. E Fourier dizendo que os judeus são "a peste e o cólera do corpo social". E o próprio Proudhon, anotando em seus bloquinhos: "Temos que despachar essa raça para a Ásia, ou exterminá-la." São "verdades" formuladas por pessoas que no mais das vezes arvoram-se a cientistas. "Verdades" que dão calafrio na espinha.

UE: Diagnóstico: estupidez ou cretinice? Um caso de epifania da imbecilidade (no sentido em que entendo) é oferecido por Joyce ao relatar uma conversa com Mister Skeffington: "Soube que seu irmão morreu", disse Skeffington. "E tinha apenas 10 anos", alguém comenta. Skeffington replica: "Mesmo assim, é triste."

JCC: A burrice muitas vezes avizinha-se do erro. Foi essa paixão pela burrice que sempre me aproximou de sua pesquisa sobre a fraude. Eis dois caminhos solenemente ignorados pelo ensino. Cada época tem sua verdade de um lado e suas notórias imbecilidades do outro, imensas, mas é apenas essa verdade que o ensino julga por bem ensinar, transmitir. De certa forma, a burrice é filtrada. Sim, existe um "politicamente correto" e um "inteligentemente correto". Em outras palavras, uma maneira certa de pensar. Queiramos ou não.

UE: É o teste do azul de tornassol que permite determinar se estamos em presença de um ácido ou de uma base. O teste do tornassol nos permitiria saber, em cada um desses casos, se estamos em presença de um estúpido ou de um imbecil. Mas para voltar à sua aproximação entre a burrice e a fraude: a fraude não é obrigatoriamente a expressão da estupidez ou da imbecilidade. É pura e simplesmente um erro. Ptolomeu acreditava de boa-fé que a Terra era imóvel. Cometia um erro por falta de informações científicas. Mas amanhã podemos descobrir que a Terra não gira em torno do Sol e então prestaremos homenagem à sagacidade de Ptolomeu.

Agir de má-fé é dizer o contrário do que se julga verdade. Mas sempre cometemos o erro de boa-fé. Logo, o erro atravessa toda a história da humanidade, e melhor assim, aliás, senão seríamos deuses. A noção de "falsificação" que estudei é na realidade muito sutil. Há a falsificação que resulta da imitação de alguma coisa apontada como original e que deve manter uma identidade perfeita com seu modelo. Haverá entre o original e a falsificação uma indiscernibilidade, no sentido leibniziano. O erro reside aqui no fato de atribuir um valor de verdade a alguma coisa que sabemos estar errada. Há também o raciocínio falso de Ptolomeu, que, falando de boa-fé, se engana. Mas não se trata aqui de impingir que a Terra é imóvel, porque sabemos que na realidade ela gira em torno do Sol. Não. Ptolomeu acredita efetivamente que a Terra é imóvel. A falsificação nada tem a ver com o que consideramos, com o recuo, em se tratando de Ptolomeu, como um saber simplesmente equivocado.

JCC: Com o seguinte esclarecimento, que não facilitará nossa tentativa de definição: Picasso admitia que também podia fazer Picassos falsos. Inclusive gabou-se de ter feito os melhores Picassos falsos do mundo.

UE: Chirico também confessou ter feito Chiricos falsos. E devo admitir que também produzi um Eco falso. Uma revista satírica italiana, uma espécie de *Charlie Hebdo*, preparara um número especial do *Corriere della Sera* a respeito da chegada dos marcianos à Terra. Era naturalmente uma fraude. Eles me pediram um artigo falso de mim mesmo, na forma de paródia de Eco.

JCC: É uma maneira de se evadir de si mesmo, de sua carne, de sua matéria. Quando não, de seu espírito.

UE: Mas em primeiro lugar criticar a si próprio, expor nossos lugares-comuns, pois são esses lugares-comuns que vou repetir para "fazer Eco". O exercício que consiste em produzir uma falsificação de si mesmo é portanto muito saudável.

JCC: Mesma coisa para a pesquisa sobre a burrice que nos tomou anos. Foi um período em que, Bechtel e eu, só líamos, obsessivamente, péssimos livros. Esquadrinhávamos os catálogos das bibliotecas e bastava a leitura de determinados títulos para fazermos uma ideia do tesouro que nos esperava. Quando você descobre em sua lista um título como *Da influência do velocípede sobre os bons costumes*, pode ter certeza de que topou com um veio de ouro.

UE: O problema se apresenta quando o louco interfere na sua vida. Como já disse, dediquei uma pesquisa aos loucos publicados pelas *vanity presses*, e para mim era óbvio que eu resumia suas ideias com ironia. Ora, alguns deles não perceberam essa ironia e me dirigiram uma mensagem me agradecendo por ter levado seu pensamento a sério. Mesma coisa com o *Pêndulo de Foucault*, que atacara os "portadores" de verdade e que às vezes suscitou neles manifestações de entusiasmo inesperadas. Ainda recebo (ou melhor, minha mulher ou minha secretária, que os filtram) telefonemas da parte de um certo Grão-Mestre dos Templários.

JCC: Cito para você, para rirmos um pouco, uma carta publicada em nosso *Dicionário da burrice*, e você entenderá imediatamente a razão disso. Nós a encontramos na *Revue des Missions Apostoliques* (sim, lemos até isso). Um padre agradece a seu interlocutor por ter feito uma água milagrosa, a qual teve sobre "o doente" uma influência muito positiva, mas "à sua revelia". "Fiz-lhe beber dela sem que ele desconfiasse durante nove dias, e ele, que durante quatro anos quedara-se entre a vida e a morte, ele que, durante quatro anos também, resistira a mim com uma obstinação exasperante e blasfêmias que fazem estremecer, expirou suavemente após sua novena, no sentimento de uma piedade ainda mais consoladora na medida em que menos esperada."

UE: A dificuldade em que nos vemos para decidir se esse sujeito é um cretino, um estúpido ou um imbecil vem do fato de que essas categorias são tipos ideais, *Idealtypen*, como diriam os alemães. Ora, encontraremos a maior parte do tempo uma mistura dessas três atitudes num mesmo indivíduo. A realidade é bcm mais complexa do que essa tipologia.

JCC: Eu não voltava a essas questões há anos, mas fico impressionado ao verificar mais uma vez quão estimulante é o estudo da burrice. Não apenas porque ela questiona a sacralização do livro, mas porque nos leva a descobrir que fomos, cada um de nós, a todo momento, capazes de proferir burrices semelhantes. Estamos sempre à beira de dizer uma estupidez. Por exemplo, esta frase que deixo escapar, ainda que emanando de Chateaubriand. Ele está falando de Napoleão, de quem não gostava, e escreve: "É, com efeito, um grande vencedor de batalhas, mas, afora isso, o pior general é mais esperto que ele."

JPT: *Vocês poderiam falar mais dessa paixão que ambos partilham pelos limites e imperfeições do ser humano? Seria isso em vocês a expressão oculta de uma compaixão?*

JCC: Num dado momento da minha vida, quando eu tinha uns 30 anos, após ter terminado o curso superior e ter feito os tradicionais estudos clássicos, produziu-se um clique. Eu era soldado na Argélia durante a guerra, em 1959-1960... E então, de repente, descobri a total inutilidade, eu ia dizer futilidade, do que me haviam ensinado. Nesse período, li textos sobre a colonização, textos de uma estupidez e violência de que eu não fazia ideia, que ninguém jamais pusera sob meus olhos. Comecei a pensar comigo que gostaria de sair das trilhas rotineiras para descobrir os arredores, os terrenos baldios, a mata, ou até mesmo os pântanos. Guy Bechtel, por sua vez, fizera o mesmo caminho que eu. Havíamos nos conhecido no *khâgne*.[3]

UE: Creio que, de uma maneira sensivelmente diferente, estamos de fato no mesmo comprimento de onda. Escrevi, no texto que você me pediu como conclusão para sua enciclopédia sobre *A morte e a imortalidade*,[4] que, para aceitar a ideia do nosso fim, precisávamos nos convencer de que todos os que ficavam depois de nós eram idiotas e que não valia a pena passar mais tempo com eles. Isso é uma forma paradoxal de afirmar uma verdade que é que, ao longo de toda a nossa vida, cultivamos as grandes virtudes da humanidade. O ser humano é uma criatura literalmente extraordinária. Descobriu o fogo, construiu cidades, escreveu magníficos poemas,

---

[3] *Khâgne*: curso preparatório de dois anos, após o *baccalauréat*, para ingresso na École Normale des Études Supérieures. *(N. do T.)*

[4] *La Mort et l'Immortalité, Encyclopédie des savoirs et des croyances*, sob a direção de Frédéric Lenoir e Jean-Philippe de Tonnac (Paris: Bayard, 2004).

deu interpretações do mundo, inventou imagens mitológicas etc. Porém, ao mesmo tempo, não cessou de guerrear seus semelhantes, de se enganar, de destruir seu meio ambiente etc. O equilíbrio entre a alta virtude intelectual e a baixa idiotice dá um resultado mais ou menos neutro. Logo, decidindo falar da burrice, de certa forma prestamos uma homenagem a essa criatura que é um tanto genial e outro tanto imbecil. E, quando vamos nos aproximando da morte, como é o nosso caso, então começamos a achar que a tolice prevalece sobre a virtude. É evidentemente a melhor maneira de se consolar. Se um bombeiro hidráulico vem consertar uma infiltração no meu banheiro, me cobra um preço alto por isso e se, depois que ele se vai, descobrimos que a infiltração continua lá, vou me consolar dizendo à minha mulher: "É um cretino, senão não consertaria, e muito mal, os banheiros com infiltração. Seria, sim, professor de semiologia na Universidade de Bolonha."

JCC: A primeira coisa que descobrimos ao estudarmos a burrice é que nós mesmos somos imbecis. Ninguém chama impunemente o outro de imbecil sem se dar conta de que a burrice alheia é nada mais nada menos do que um espelho que nos reflete. Um espelho permanente, preciso e fiel.

UE: Não vamos cair no paradoxo de Epimênides, que diz que todos os cretenses são mentirosos. Uma vez que ele é cretense, ele é mentiroso. Se um asno lhe diz que todos os outros são asnos, o fato de que você seja um asno não impede que diga a verdade. Se agora ele acrescenta que todos os outros são asnos "como ele", então ele dá mostras de inteligência. Logo, ele não é um asno. Porque os outros passam a vida escondendo que o são. Também existe o risco de cairmos num outro paradoxo, este, enunciado por Owen. Todas as pessoas são imbecis, exceto você e eu. E você, aliás, no fundo, pensando bem...

JCC: Nosso espírito é delirante. Todos os livros que eu e você colecionamos atestam a dimensão propriamente vertiginosa do nosso imaginário. É particularmente difícil distinguir a divagação e a loucura de um lado, e a burrice do outro.

UE: Outro exemplo de estupidez que me ocorre é o de Nehaus, autor de um panfleto sobre os rosa-cruzes escrito na época em que, na França, por volta de 1623, as pessoas se interrogavam para saber se eles existiam ou não. "Só o fato de eles nos esconderem que existem já é a demonstração de sua existência", afirma esse autor. A prova de que eles existem é que eles negam existir.

JCC: É um argumento que estou disposto a aceitar.

JPT: *Será que é uma suposição, podemos ver a burrice como um mal antigo que nossas novas tecnologias, acessíveis a todos, contribuiriam para combater? Vocês assinariam embaixo desse diagnóstico positivo?*

JCC: Evito olhar nossa época com pessimismo. Isso é muito fácil, corre pelas ruas. Apesar de tudo... Cito uma resposta de Michel Serres a um jornalista que o interrogava, não sei mais em que circunstâncias, sobre a decisão de construir a represa de Assuã. Uma comissão havia sido criada, reunindo engenheiros hidráulicos, especialistas em diferentes materiais, em cimento, até mesmo ecologistas, mas nela não havia nem filósofo nem egiptólogo. Michel Serres estava perplexo com isso. E o jornalista, perplexo com a perplexidade dele. "Para que serviria um filósofo numa comissão desse tipo?", perguntou. "Ele teria notado a ausência do egiptólogo", respondeu Serres.

Para que efetivamente serve um filósofo? Essa resposta não tem um elo maravilhoso com nosso assunto do momento, a burrice? A que idade da vida, e de que maneira, devemos encontrar a estupidez, a vulgaridade, a teimosia idiota e cruel que são nosso pão cotidiano e com os quais teremos que conviver? Na França há uma espécie de debate — há debates sobre tudo — a respeito da idade em que poderíamos nos iniciar na filosofia. Hoje é no último ano do liceu que nossos estudantes a descobrem. Mas por que não mais cedo? E por que não iniciar também as crianças na antropologia, que é uma abertura para o relativismo cultural?

UE: É incrível que, no país mais filosófico do mundo, a Alemanha, não ensinem filosofia no liceu. Na Itália, em contrapartida, sob a influência do historicismo idealista alemão, temos uma iniciação à história da filosofia que dura três anos, o que é bem diferente do que é oferecido na França, onde se trata de uma iniciação na atividade filosófica. Julgo não ser inútil saber alguma coisa do que os filósofos pensavam, dos pré-socráticos aos nossos dias. O único risco para o estudante ingênuo é acreditar que aquele que pensa por último é quem tem razão. Mas não faço ideia do que produz nos jovens o ensino da filosofia tal como é concebido na França.

JCC: A minha impressão é de que esse ano foi totalmente perdido. O programa estava dividido em várias partes: filosofia geral, psicologia, lógica e moral. Mas como podemos conceber um manual de filosofia? E, aliás, o que dizer das culturas que não conheceram o que chamamos de filosofia? É a observação sobre a antropologia que eu fazia agorinha. A noção de "conceito filosófico", por exemplo, é puramente ocidental. Tente explicar o que é um "conceito" a um indiano, mesmo a um bastante sofisticado, ou a "transcendência" a um chinês! E estendamos nossa conversa à questão da educação, sem pretender evidentemente resolvê-la. Desde a reforma que ficou conhecida como de Jules Ferry, a escola na França é gratuita, mas é também obrigatória para todos. O que significa que a República deve ensinar a mesma coisa a todos os cidadãos, sem restrição, mesmo sabendo muito bem que uma maioria vai pular do barco, o objetivo do jogo sendo, em última instância e seletivamente, formar as elites que irão dirigir o país. Sistema de que sou um beneficiário perfeito: sem Jules Ferry, eu não estaria aqui falando com vocês. Seria hoje um velho camponês sem um tostão no sul da França. Quem sabe, aliás, o que eu seria?

Todo sistema educativo é inevitavelmente um reflexo da sociedade que o viu nascer, que o elaborou, que o impôs. Entretanto, na época de Jules Ferry, a sociedade francesa e a sociedade italiana eram totalmente diferentes do que são hoje. Sob a III República, 75% dos franceses ainda são camponeses, os operários talvez representem 10% ou 15% e o que chamamos elites ainda menos. Esses 75%

de camponeses são hoje 3% ou 4% e o mesmo princípio educativo continua em vigor. Ora, na época de Jules Ferry, os que não conseguiam fazer alguma coisa com sua escolaridade encontravam empregos na agricultura, no artesanato, no mundo operário, como domésticos. Como todos esses empregos foram gradualmente desaparecendo, os que foram rejeitados antes ou depois do último ano estão hoje em queda livre. Nada existe para acolhê-los, para amortecer essa queda. Nossa sociedade metamorfoseou-se e o sistema educativo permanece *grosso modo* o mesmo, pelo menos em seus princípios.

Acrescente a isso que as mulheres que fazem curso superior são hoje muito mais numerosas e que elas vêm disputar com os homens um número de empregos que não aumentou nos setores tradicionalmente cobiçados. Entretanto, se os ofícios do artesanato não apaixonam mais as multidões, eles continuam a despertar algumas vocações. Fui, há poucos anos, membro de um júri que concedia prêmios aos melhores candidatos exercendo o que chamamos de artes e ofícios, que são o ápice do artesanato. Fiquei estupefato ao descobrir as matérias-primas e as técnicas que aquelas pessoas utilizavam e dominavam, e seus talentos. Nesse domínio, em todo caso, nem tudo está perdido.

UE: Sim, há em nossas sociedades, nas quais o problema do emprego é um problema de todos, jovens que redescobrem as profissões artesanais. Este é um fato verificado na Itália e provavelmente também na França e em outros países ocidentais. Quando me acontece encontrar esses novos artesãos e eles percebem meu nome no meu cartão de crédito, noto com bastante frequência que leram alguns de meus livros. Os mesmos artesãos, há cinquenta anos, uma vez que não haviam seguido o itinerário escolar até o seu termo, provavelmente não teriam lido esses livros. Estes, portanto, realizaram sua formação superior antes de se entregarem a um trabalho manual.

Um amigo me contou que um dia, junto com um colega filósofo, tomou um táxi na Universidade de Princeton, em Nova York. O motorista era, na versão do meu amigo, um urso cujo rosto desaparecia sob longos cabelos hirsutos. O urso puxou conversa para saber um pouco com quem estava lidando. Eles então explicaram que ensinavam em Princeton. Mas o motorista queria saber mais. O colega, um pouco irritado, disse que estudava a percepção transcendental através da *epoché*... e o motorista interrompeu-o, dizendo-lhe: "*Husserl, isn't it?*"

Tratava-se, naturalmente, de um estudante de filosofia dando uma de *taxi driver* para pagar seus estudos. Mas, na época, um motorista de táxi que conhecia Husserl era um espécime absolutamente raro. Hoje topamos com motoristas que colocam música clássica para você e lhe perguntam sobre sua última obra de semiótica. Não é completamente surrealista?

JCC: No fim das contas, são boas notícias, não acha? Parece-me que os perigos ecológicos, que não são fingidos, longe disso, podem aguçar nossa inteligência e nos poupar de adormecer muito tempo e muito profundamente.

UE: Podemos insistir nos progressos da cultura, que são manifestos e tocam categorias sociais que eram tradicionalmente excluídas deles. Mas ao mesmo tempo temos a desvantagem da burrice. Não é porque os camponeses de outrora se calavam que eram burros. Ser culto não significa necessariamente ser inteligente. Não. Mas hoje todas essas pessoas querem se fazer ouvir e, fatalmente, em certos casos fazem ouvir apenas sua simples burrice. Então digamos que uma burrice de antigamente não se expunha, não se dava a conhecer, ao passo que, em nossos dias, vitupera. Ao mesmo tempo, essa linha divisória entre inteligência e burrice está sujeita a caução. Quando tenho que trocar uma lâmpada, sou um perfeito cretino. Vocês têm na França variações em torno de "Quantos ... são necessários para trocar uma lâmpada"? Na Itália, temos uma série considerável. Antes, os protagonistas eram os cidadãos de Cuneo, uma cidade do Piemonte. "Quantas pessoas de Cuneo são necessárias para trocar uma lâmpada?" A resposta é cinco: uma para segurar a lâmpada e quatro para rodarem a mesa. Mas a piada também existe nos Estados Unidos. "Quantos californianos são necessários para trocar uma lâmpada? — Quinze: um para trocar a lâmpada e 14 para partilhar a experiência."

JCC: Você está falando das pessoas de Cuneo. Cuneo fica no norte da Itália. Tenho a impressão de que, em todos os povos, as pessoas muito tolas estão sempre no norte.

UE: Claro, pois é no norte que encontramos mais pessoas vítimas do bócio, é no norte que estão as montanhas que simbolizam o isolamento, era do norte também que vinham os bárbaros que iam se despejar em nossas cidades. É a vingança das pessoas do sul que têm menos dinheiro, que são tecnicamente menos desenvolvidas. Quando Bossi, chefe da Liga do Norte, um movimento racista, desceu a Roma pela primeira vez para pronunciar um discurso, as pessoas agitavam cartazes pela cidade onde se podia ler: "Quando você ainda vivia nas árvores, nós já éramos tagarelas."

As pessoas do sul sempre criticaram as pessoas do norte por falta de cultura. A cultura é às vezes a última instância da frustração tecnológica. Repare que agora as pessoas de Cuneo foram substituídas na Itália pelos *carabinieri*. Mas nossos policiais tiveram jogo de cintura para brincar com a reputação que lhes era atribuída. O que não deixava de ser uma prova de sua inteligência.

Depois dos policiais, chegou a vez de Francesco Totti, o jogador de futebol, que causou um tremendo alvoroço. Totti reagiu publicando um livro que reunia todas as histórias contadas a seu respeito e doou o lucro das vendas a organizações de caridade. A fonte esgotou-se por si mesma e todos reconsideraram sua opinião sobre ele.

A *Internet ou a impossibilidade* *da* damnatio memoriae

JPT: *Como vocês viveram a proibição de* Versos satânicos? *Uma autoridade religiosa proibir uma obra publicada na Inglaterra não é um sinal de grande preocupação?*

UE: O caso de Salman Rushdie deve nos infundir, ao contrário, um grande otimismo. Por quê? Porque um livro condenado por uma autoridade religiosa, no passado, não tinha nenhuma chance de escapar à censura. Quanto a seu autor, corria um risco quase certo de ser queimado ou apunhalado. No universo da comunicação que urdimos, Rushdie sobreviveu, protegido por todos os intelectuais das sociedades ocidentais, e seu livro não desapareceu.

JCC: Por outro lado, a mobilização suscitada pela questão Rushdie não se verificou no caso de outros escritores condenados por *fatwas* e que foram assassinados, sobretudo no Oriente Médio. O que podemos dizer simplesmente é que a escrita sempre foi, e permanece, um exercício perigoso.

UE: Porém, continuo convencido de que, na sociedade da globalização, somos informados de tudo e podemos agir consequentemente. O Holocausto teria sido possível se a Internet existisse? Não tenho certeza. Todo mundo teria sabido imediatamente o que estava acontecendo... A situação é a mesma na China. Ainda que os dirigentes chineses esmerem-se em filtrar aquilo a que os internautas podem ter acesso, a informação circula apesar de tudo, e nos dois sentidos. Os chineses podem saber o que acontece no resto do mundo. E podemos saber o que acontece na China.

JCC: Para impor essa censura sobre a Internet, os chineses conceberam procedimentos extremamente sofisticados, mas que não funcionam perfeitamente. Pura e simplesmente porque os internautas acabam sempre dando o troco. Na China, como em outros lugares, as pessoas utilizam o celular para filmar aquilo de que são testemunhas e em seguida transmitir essas imagens pelo mundo inteiro. Vai ser cada vez mais difícil esconder alguma coisa. O futuro dos ditadores é sombrio. Eles terão que agir numa escuridão profunda.

UE: Penso por exemplo no destino de Aung San Suu Kyi. É muito mais difícil para os militares eliminá-la a partir do momento em que ela é objeto de uma solicitação quase universal. Mesma coisa no caso de Ingrid Betancourt, como pudemos ver.

JCC: Isso também não quer dizer que terminamos com a censura e a arbitrariedade no mundo. Estamos longe disso.

UE: Aliás, se podemos eliminar a censura por subtração, é mais difícil eliminá-la por adição. Isso é típico das mídias. Imagine: um político escreve uma carta a um jornal para explicar que não é culpado de corrupção como o acusam; o jornal publica a carta, mas dá um jeito de colocar bem ao lado a imagem de seu autor comendo um salgadinho num bufê. Pronto: temos diante de nós a imagem de um homem que devora o dinheiro público. Mas podemos fazer melhor. Se sou um homem de Estado que sabe que amanhã será publicada uma notícia extremamente constrangedora para mim, capaz de figurar na primeira página dos jornais, mando plantarem uma bomba na estação ferroviária central durante a noite. Amanhã, os jornais terão mudado suas manchetes. Pergunto-me se a razão de alguns atentados não é desse gênero. Mas nem por isso devemos nos lançar nas teses conspiratórias e afirmar que os atentados de 11 de setembro não são o que acreditamos que são. Já tem muita gente maluca no mundo para se encarregar disso.

JCC: Impossível imaginar que um governo tenha aceitado a morte de mais de 3 mil concidadãos para cobrir determinadas armações. Isso é evidentemente inconcebível. Mas há também outro exemplo mais famoso na França, é o do caso Ben Barka. Mehdi Ben Barka, político marroquino, tinha sido sequestrado na França em frente à Brasserie Lippe e provavelmente assassinado. Entrevista coletiva do general De Gaulle no Eliseu. Todos os jornalistas se espremem. Pergunta: "Meu general, como é possível que, informado do sequestro de Mehdi Ben Barka, o senhor tenha esperado alguns dias antes de comunicar a informação à imprensa? — Foi por causa da minha inexperiência", respondeu De Gaulle com um gesto de enfado. Todo mundo riu e a questão foi encerrada. O efeito de diversão, nesse caso, funcionou. O riso prevaleceu sobre a morte de um homem.

JPT: *Há outras formas de censura que a Internet tornaria agora difíceis ou impossíveis?*

UE: Por exemplo, a *damnatio memoriae* imaginada pelos romanos. Votada pelo Senado, a *damnatio memoriae* consistia em condenar alguém, *post mortem*, ao silêncio, ao esquecimento. Tratava-se de eliminar seu nome dos registros públicos, ou então banir as estátuas que o representavam, ou ainda declarar nefasto o dia de seu nascimento. Aliás, fazia-se a mesma coisa sob o stalinismo quando se eliminava das fotos o ex-dirigente exilado ou assassinado. Foi o caso de Trótski. Hoje seria mais difícil limar alguém de uma foto sem encontrarmos imediatamente a velha foto circulando livremente pela Internet. O proscrito não seria proscrito por muito tempo.

JCC: Mas há casos de esquecimento coletivo "espontâneo" ainda mais forte, me parece, que a glória coletiva. Não se trata de uma decisão deliberada, como no caso do Senado romano. Pode haver também escolhas inconscientes. Fontes de revisionismos implícitos, expurgos dissimulados. Há também uma memória coletiva, como existem um inconsciente coletivo e um esquecimento coletivo. Determinado personagem, que "conheceu sua hora de glória", nos abandona imperceptivelmente, sem nenhum ostracismo, sem nenhuma violência. Vai embora por si mesmo, discretamente, junta-se ao reino das sombras, como aqueles diretores de cinema da primeira metade do século XX, de quem eu falava. E esse alguém que sai de nossas memórias, que é furtivamente expurgado de nossos livros de história, de nossas conversas, de nossas comemorações, é exatamente, no fim, como se nunca tivesse existido.

UE: Conheci um grande crítico italiano sobre o qual diziam que dava azar. Existia uma lenda a seu respeito e que talvez ele mesmo tivesse acabado alimentando. Ainda hoje, ele nunca é citado em determinados trabalhos, nos quais, não obstante, seu lugar é incontestável. É uma forma de *damnatio memoriae*. Quanto a mim, nunca me privei de citá-lo. Não apenas sou a criatura menos supersticiosa do mundo, como, além disso, admirava-o muito para esconder isso dele. Um dia inclusive resolvi ir até onde ele mora de avião. E, como não me aconteceu nada grave, disseram-me que estou sob sua proteção. Em todo caso, salvo uma comunidade de *happy few*, entre os quais me incluo, e que continuam a falar dele, sua glória viu-se efetivamente eclipsada.

JCC: Existem, naturalmente, diversas formas de condenar um homem, uma obra, uma cultura ao silêncio e ao esquecimento. Nós examinamos algumas delas. A destruição sistemática de uma língua, tal como organizada pelos espanhóis na América, é evidentemente a melhor maneira de tornar a cultura de que ela é a expressão definitivamente inacessível e poder em seguida fazê-la dizer o que bem entendemos. Mas vimos que essas culturas, que essas línguas resistem. Não é simples fazer uma voz se calar, apagar para sempre uma linguagem, e os séculos falam na surdina. O caso Rushdie tem com que nos dar esperanças, você tem razão. É provavelmente uma das conquistas mais significativas dessa sociedade globalizada. A censura total e definitiva é agora praticamente inconcebível. O único perigo é que a informação que circula torne-se inverificável e que sejamos todos, num dia próximo, informantes. Já falamos nisso. Informantes do bem, mais ou menos qualificados, mais ou menos rebeldes, que, ao mesmo tempo, seriam também inventores, criadores de informações, imaginando o mundo a cada dia. Podemos voltar a isso, descreveremos o mundo segundo nossos desejos, que então tomaremos pela realidade.

Remediar isso — se julgarmos necessário, pois afinal de contas uma informação imaginada não deixaria de ter seu encanto — supõe recortes sem fim. E isso é um inferno. Uma única testemunha não é suficiente para estabelecer uma verdade. A mesma coisa com um crime. É preciso uma convergência de pontos de vista, de testemunhos. Mas, a maior parte do tempo, a informação exigida por esse trabalho colossal não vale a pena. Deixamos correr.

UE: Mas a abundância dos testemunhos não basta obrigatoriamente. Fomos testemunhas da violência exercida pela polícia chinesa contra os monges tibetanos. Isso provocou um escândalo em escala internacional. Mas se nossas telas continuarem a mostrar, três meses a fio, monges espancados pela polícia, até o público mais envolvido, mais suscetível de se engajar, irá se desinteressar. Há então um limiar aquém do qual a informação é percebida e além do qual ela não passa de um chiado.

JCC: São bolhas que inflam e estouram. Ano passado, estávamos na bolha "monges perseguidos no Tibete". Em seguida, fomos instalados na bolha "Ingrid Betancourt". Mas ambas estouraram. Depois veio a da "crise dos *subprimes*", depois a catástrofe bancária, ou da Bolsa, ou ambas. Qual será a próxima bolha? Quando um ciclone monstruoso se aproxima do litoral da Flórida e subitamente perde força, constato quase que uma decepção nos jornalistas. Trata-se, entretanto, para os moradores, de uma excelente notícia. Como se constitui, nessa grande rede da informação, a informação propriamente dita? O que explica que uma informação dê a volta no planeta e mobilize, durante um tempo determinado, todas as nossas atenções para dias depois não interessar a mais ninguém? Por exemplo: em 1976, trabalho com Buñuel na Espanha no roteiro de *Esse obscuro objeto do desejo* e recebemos diariamente os jornais. De repente ficamos sabendo pela imprensa que uma bomba explodiu no Sacré-Coeur em Montmartre! Estupor e deleite. Ninguém reivindicou o atentado e a polícia investiga. Para Buñuel, esta é uma informação capital. Alguém ter colocado uma bomba na igreja da vergonha, igreja destinada a "expiar os crimes dos *communards*", é uma bênção e uma alegria inesperada. Aliás, sempre houve candidatos a destruir esse monumento da desonra ou, como queriam os anarquistas certa época, pintá-lo de vermelho.

Então, no dia seguinte, nós nos precipitamos sobre os jornais para saber do que se tratava. Nem uma palavra, nada. Nunca. Simplesmente acrescentamos em nosso cenário um grupo de ação violenta batizado com o nome Grupo de Ação Revolucionária do Menino Jesus.

UE: Para voltar à censura por subtração, uma ditadura que gostasse de eliminar toda possibilidade de acessar, pela Internet, as fontes de conhecimento poderia muito bem espalhar um vírus capaz de destruir todos os dados pessoais nos computadores individuais, provocando dessa forma um gigantesco blecaute da informação. Talvez a possibilidade de destruir não exista, na medida em que todos nós armazenamos determinadas informações em pen-drives. Mas mesmo assim. Quem sabe essa ciberditadura não consiga eliminar até 80% de nossos arquivos pessoais?

JCC: Mas talvez não seja necessário destruir tudo. Assim como posso encontrar no meu documento todas as ocorrências de uma palavra por meio da função "localizar" e suprimi-las com um único "clique", por que não imaginar uma censura informática que conseguisse fazer desaparecer apenas uma palavra ou um grupo de palavras, mas em todos os computadores do planeta? Mas então que palavras nossos ditadores informáticos irão escolher? Convém apostar numa reação por parte dos usuários, naturalmente, como sempre. A velha história do ataque e da defesa em outro terreno. E podemos imaginar também uma nova Babel, uma súbita extinção das línguas, dos códigos, de todas as chaves. Que caos!

JPT: *O paradoxo é, como você lembrou, que a obra ou o homem condenado ao silêncio faça desse próprio silêncio uma espécie de câmara de eco e dessa forma termine por arranjar um lugar em nossas memórias. Poderiam voltar a essa reviravolta do destino?*

UE: Precisamos tomar aqui a *damnatio memoriae* num outro sentido. Por motivos múltiplos e complexos — filtragens, acidentes, incêndios —, uma obra não chega até nós. Ninguém é, falando propriamente, responsável pelo seu desaparecimento. Mas ela falta ao chamado. E porque foi comentada e elogiada por diversas testemunhas, a obra faz-se notar precisamente por sua ausência. Foi o caso das obras de Zêuxis na Antiguidade. Ninguém as viu afora os contemporâneos do artista, e mesmo assim falamos dele ainda hoje.

JCC: Quando Tutankhamon sucede a Akhenaton, manda apagar com buril, nos templos, o nome do faraó defunto, declarado herético. E Akhenaton não foi o único a ter sofrido essa censura. Inscrições deterioram-se, estátuas caem. Penso naquela admirável fotografia de Kudelka: uma estátua de Lenin, deitada como um imenso cadáver sobre uma chalana, desce o Danúbio em direção ao mar Negro, onde vai desaparecer.

A respeito das estátuas de Buda destruídas no Afeganistão, talvez seja bom dar um esclarecimento. Durante os primeiros séculos que se seguiram à pregação de Buda, ele não era representado. Era mostrado por sua ausência. Pegadas. Uma poltrona vazia. Uma árvore à sombra da qual ele meditava. Um cavalo selado mas sem cavaleiro.

É só a partir da invasão de Alexandre, o Grande, que começam, na Ásia Central, sob a influência de artistas gregos, a dar uma aparência física a Buda. Por exemplo, os talibãs, à sua revelia, participavam de um retorno à própria origem do budismo. Para os verdadeiros budistas, esses nichos hoje vazios no vale de Bamiyan talvez estejam mais eloquentes, mais plenos, do que antes.

Esses atos terroristas, aos quais às vezes parece reduzir-se, nos dias de hoje, a civilização árabe-muçulmana, quase chega a mascarar sua grandeza passada. Da mesma maneira que os sangrentos sacrifícios astecas mascararam todas as belezas de sua civilização. Os espanhóis repercutiram amplamente seu eco, a ponto de, quando quiseram eliminar os vestígios da civilização dos vencidos, os sacrifícios sangrentos serem praticamente tudo que a memória coletiva havia conservado dela. O islã vê-se hoje espreitado pelo mesmo perigo: ver-se reduzido amanhã, em nossas próximas memórias, exclusivamente a essa violência terrorista. Pois nossa memória, como nosso cérebro, é redutora. Procedemos o tempo todo por seleção e redução

A censura pelo fogo

JPT: *Dentre os censores mais temíveis da história dos livros, temos que destacar o fogo.*

UE: Naturalmente, e convém citar imediatamente as fogueiras em que os nazistas faziam desaparecer os livros "degenerados".

JCC: Em *Fahrenheit 451*, Bradbury imagina uma sociedade que quis se emancipar da herança estorvante dos livros e decidiu queimá-los. 451 graus Fahrenheit é precisamente a temperatura sob a qual o papel queima: pois, no filme, são os bombeiros os encarregados de queimar os livros.

UE: *Fahrenheit 451* é também o nome de um programa da rádio italiana. Mas se trata exatamente do contrário: um ouvinte telefona para explicar que não consegue encontrar ou que perdeu determinado livro. Outro liga daqui a pouco para dizer que possui um exemplar e que está disposto a cedê-lo. É um pouco o princípio de abandonar um livro em algum lugar, num cinema, num metrô, após tê-lo lido, a fim de fazer a felicidade de outro. Dito isto, o fogo acidental ou voluntário acompanha a história do livro desde suas origens. Seria impossível citar todas as bibliotecas que arderam.

JCC: Isso me lembra uma experiência para a qual fui convidado pelo Museu do Louvre. Tratava-se de escolher uma obra e comentá-la, à noite, diante de um pequeno grupo de pessoas. Eu tinha feito a escolha de um Lesueur, pintor francês do início do século XVII, *A pregação de são Paulo em Éfeso*. No quadro, via-se são Paulo, de pé sobre uma estela com uma barba e uma túnica. Ele usa uma túnica: é exatamente o visual de um aiatolá de hoje em dia, pelo menos o turbante. O olho está injetado. Alguns fiéis escutam. Na parte inferior do quadro, dando as costas para o espectador, de joelhos, um escravo negro queima livros. Me aproximei do quadro para ver que livros estavam sendo queimados. Ora, eles estampam, dá para ver entre as páginas, figuras e fórmulas matemáticas. O escravo, decerto recém-convertido, queimava então a ciência grega. Que mensagem, direta ou subterrânea, o pintor quis nos transmitir? Não sou capaz de dizê-lo. Mas ainda assim a imagem é extraordinária. A fé chega, queima-se a ciência. É mais do que uma filtragem, é uma supressão pelas chamas. O quadrado da hipotenusa deve desaparecer para sempre.

UE: Há inclusive aí uma conotação racista, uma vez que a destruição dos livros é atribuída a um negro. Nós achamos que os nazistas foram com certeza aqueles que queimaram mais livros. Mas o que sabemos exatamente acerca do que aconteceu na época das Cruzadas?

JCC: Piores que os nazistas, creio que os maiores coveiros de livros foram os espanhóis no Novo Mundo. E os mongóis, por sua vez, também não ficam atrás.

UE: Na aurora da modernidade, o mundo ocidental foi confrontado com duas culturas ainda desconhecidas, a ameríndia e a chinesa. Ora, a China era um grande império impossível de conquistar e "colonizar", mas com o qual podíamos comerciar. Os jesuítas foram até lá não para converter os chineses, mas para estimular o diálogo das culturas e das religiões. Como os rincões ameríndios pareciam, ao contrário, povoados por selvagens sanguinários, isso foi ensejo para uma verdadeira pilhagem e inclusive para um pavoroso genocídio. Ora, a justificação ideológica desse duplo comportamento baseia-se na natureza das linguagens utilizadas em ambos os casos. Os pictogramas ameríndios foram definidos como uma simples imitação das coisas, desprovida de qualquer dignidade conceitual, ao passo que os ideogramas chineses representavam ideias e, portanto, eram mais "filosóficos". Sabemos hoje que a escrita pictográfica era muito mais sofisticada do que isso. Quantos textos pictográficos desapareceram dessa forma?

JCC: Os espanhóis, ao eliminarem os vestígios de extraordinárias civilizações, não se deram conta de que queimavam tesouros. E foram alguns deles, em particular um monge espantoso, Bernardino de Sahagun, que pressentiram que havia ali alguma coisa que não devia ser destruída, uma parte essencial do que hoje chamamos nossa herança.

UE: Os jesuítas que iam para a China eram pessoas cultas. Cortés ou, principalmente, Pizarro eram carniceiros imbuídos de um projeto culturicida. Os franciscanos que os acompanhavam consideravam os nativos feras selvagens.

JCC: Nem todos, felizmente. Nem Sahagun, nem Las Casas, nem Durán. Tudo que sabemos sobre a vida dos nativos antes da conquista devemos a eles. E eles correram riscos consideráveis.

UE: Sahagun era franciscano, mas Las Casas e Durán eram dominicanos. É curioso como os clichês podem ser falsos. Os dominicanos eram gente da Inquisição, enquanto os franciscanos eram paladinos da candura. E eis que, na América Latina, como num *western*, os franciscanos desempenharam o papel dos *bad guys* e os dominicanos às vezes o dos *good guys*.

JPT: *Por que os espanhóis destruíram alguns edifícios pré-colombianos e pouparam outros?*

JCC: Às vezes simplesmente nem os viram. Foi o caso da maioria das grandes cidades maias, então abandonadas fazia vários séculos e cobertas pela selva. E também Teotihuacán, mais ao norte. A cidade já estava deserta no momento em que os astecas chegaram à região, por volta do século XIII. Essa obsessão em apagar todos os vestígios escritos mostra claramente como, para o invasor, um povo sem escrita é para sempre um povo maldito. Recentemente foram descobertos na Bulgária objetos de ourivesaria em túmulos datados do segundo e terceiro milênio antes da nossa era. Ora, os trácios, assim como os gauleses, não deixaram escrita. E os povos sem escrita, os que não se nomearam, os que não se contaram (sequer falsamente), não têm existência, ainda que suas peças de ourivesaria sejam magníficas, sofisticadas. Se quiser que se lembrem de você, você tem que escrever. Escrever e providenciar para que seus escritos não desapareçam em alguma fornalha. Às vezes me pergunto o que os nazistas tinham na cabeça quando queimavam livros judeus. Imaginavam eliminá-los todos, até o último? Não era uma iniciativa tão criminosa quanto utópica? Não era antes uma operação simbólica?

Em nossa época, diante de nossos olhos, outras manipulações não deixam de me surpreender e indignar. Como tive oportunidade de ir muito ao Irã, uma vez sugeri a uma conhecida agência levar uma pequena equipe para filmar o país hoje, tal como o conheço. O diretor da agência me recebeu e começou por me dizer seu ponto de vista sobre um país que ele não conhecia. Disse-me literalmente o que eu devia filmar. Então era ele que decidia as imagens que eu devia reproduzir de um país aonde ele nunca tinha ido: fanáticos que batem no peito, por exemplo, drogados, prostitutas, e assim por diante. Desnecessário dizer que o projeto não se realizou.

Vemos diariamente a que ponto a imagem pode ser enganosa. Trata-se de falsificações sutis, tanto mais difíceis de discernir na medida em que se apresentam como "imagens", isto é, como documentos. E, finalmente, acreditemos ou não, nada mais fácil de travestir do que a verdade.

Lembro-me, num canal de televisão, de um documentário sobre Cabul, cidade que conheço. Todos os planos eram filmados em *contre-plongée*. Só se via o topo das casas dilaceradas pela guerra e nunca as ruas, os passantes, o comércio. Vinham acrescentar-se a isso as entrevistas de pessoas que, unanimemente, apontavam o estado lamentável do país. E a única ilustração sonora, durante todo o documentário, era um barulho de vento sinistro, daqueles que ouvimos nos desertos do cinema, mas uniforme. Ele então havia sido escolhido numa sonoteca e acrescentado propositalmente, um pouco por toda parte. O mesmo barulho de vento, como podia reconhecê-lo dessa vez um "ouvido treinado". Ao passo que nem as roupas finíssimas usadas pelos personagens filmados se mexiam. Aquela reportagem era uma mentira deslavada. Uma a mais.

UE: Lev Kulechov já mostrara de que maneira as imagens contaminam-se reciprocamente e como é possível fazê-las dizer coisas bem diferentes. O mesmo rosto de um homem mostrado uma primeira vez logo depois da visão de um prato cheio de comida e, uma segunda vez, logo depois de exposto a um objeto completamente assqueroso não produzirá a mesma impressão no espectador. No primeiro caso, o rosto de um homem exprime a cobiça; no segundo, o asco.

JCC: O olhar acabava vendo o que as imagens querem sugerir. Em *O bebê de Rosemary*, de Polanski, muita gente viu o bebê monstruoso no fim, pois ele é descrito pelos personagens que se debruçam sobre seu berço. Mas Polanski nunca o filmou.

UE: E muita gente, provavelmente, viu o conteúdo do famoso estojo oriental em *A bela da tarde*.

JCC: Naturalmente. Quando perguntavam a Buñuel o que havia lá dentro, ele respondia: "Uma fotografia do senhor Carrière. É por isso que as garotas ficam horrorizadas." Um dia, um desconhecido liga para minha casa ainda a propósito do filme, e me pergunta se eu já tinha morado no Laos. Nunca pus os pés lá, digo para ele. Mesma pergunta para Buñuel e mesma negação. O homem, ao telefone, está espantado. Para ele, o famoso estojo lembra claramente um antigo costume do Laos. Perguntei-lhe então se ele sabia o que havia na caixa. Ele me diz: "Claro! — Por favor, eu lhe digo, então me conte!" Ele me explica que o costume em questão consistia, para as mulheres, em prender com correntes de prata grandes escaravelhos no clitóris durante o ato amoroso, o movimento das patas permitindo-lhes gozar mais demorada e delicadamente. Caio um pouco das nuvens e digo-lhe que jamais pensamos em aprisionar um escaravelho na caixa de *A bela da tarde*. O homem desliga. E sinto imediatamente uma decepção diante da ideia mesma de saber! Eu perdera o sabor agridoce do mistério.

Tudo isso para dizer que a imagem, onde vemos frequentemente coisa diversa do que ela mostra, pode mentir de uma maneira ainda mais sutil que a linguagem escrita ou o discurso falado. Se devemos manter certa integridade de nossa memória visual, é preciso absolutamente ensinar as gerações futuras a olhar as imagens. É inclusive uma prioridade.

UE: Existe outra forma de censura diante da qual nos mostramos passivos hoje em dia. Podemos conservar todos os livros do mundo, todos os suportes digitais, todos os arquivos, mas se houver uma crise de civilização que faça com que todas as linguagens que escolhemos para conservar essa imensa cultura se tornem intraduzíveis de uma hora para outra, então essa herança estará irremediavelmente perdida.

JCC: Isso aconteceu com a escrita hieroglífica. A partir do edito de Teodósio I, em 380, a religião cristã tornou-se religião de Estado, única e obrigatória em todo o Império. Os templos egípcios, entre outras coisas, foram fechados. Os sacerdotes, que eram os especialistas, os depositários dessa escrita, viam-se doravante na impossibilidade de transmitir seu saber. Deviam enterrar seus deuses, com os quais conviviam há milênios. E com seus deuses, os objetos do culto e a própria linguagem. Basta uma geração para que tudo desapareça. E talvez para sempre.

UE: Foram necessários 14 séculos para redescobrir a chave dessa linguagem.

JPT: *Voltemos um instante à censura pelo fogo. Os que queimavam as bibliotecas da Antiguidade talvez julgassem ter destruído todo vestígio dos manuscritos que elas abrigavam. Porém, depois da invenção da tipografia, a coisa é agora impossível. Queimar um, dois, até mesmo cem exemplares de um livro impresso não significa que o livro vá desaparecer. Outros exemplares talvez ainda se achem espalhados num imenso número de bibliotecas privadas e públi-*

cas. Para que servem então as fogueiras modernas, bem como todas que os nazistas acenderam?

UE: O censor sabe muito bem que ele não faz desaparecer todos os exemplares do livro proscrito. Mas é uma forma de erigir-se em demiurgo capaz de consumir o mundo, e toda uma concepção do mundo, no fogo. O álibi é efetivamente regenerar, depurar uma cultura que alguns escritos gangrenaram. Não é um acaso que nazistas falassem de "arte degenerada". O auto de fé é como uma espécie de medicação.

JCC: Essa imagem de publicação, difusão, conservação e destruição é muito bem ilustrada na Índia pela figura do deus Shiva. Inscrito num círculo de fogo, uma de suas quatro mãos mantém o tambor no ritmo em que o mundo foi criado, outra, o fogo que vai destruir a obra da criação. As duas mãos estão no mesmo nível.

UE: Não estamos distantes da visão de Heráclito e dos estoicos. Tudo nasce pelo fogo e o fogo destroi tudo a fim de que tudo seja novamente destinado ao ser. É nesse sentido que sempre se preferiu queimar os heréticos a lhes cortar a cabeça, o que teria sido mais simples e menos caro. É uma mensagem dirigida àqueles que partilham as mesmas ideias ou possuem os mesmos livros.

JCC: Tomemos o caso de Goebbels, provavelmente o único intelectual entre os nazistas que era bibliófilo. Você tinha razão ao lembrar que aqueles que queimam livros sabem muito bem o que fazem. É preciso avaliar a periculosidade de um escrito para querer fazê-lo desaparecer.

Ele sabe disso perfeitamente. Mas o gesto permanece altamente simbólico. E, sobretudo, ele diz aos outros: vocês têm o direito de queimar esse livro, não hesitem, é uma boa ação.

JPT: *É como queimar a bandeira dos Estados Unidos em Teerã ou outro lugar qualquer...*

JCC: Claro. Uma única bandeira queimada basta para revelar a determinação de um movimento, quando não de um povo. E, não obstante, como já vimos diversas vezes, o fogo nunca consegue reduzir tudo ao silêncio. Mesmo entre os espanhóis que tentaram erradicar todo vestígio de várias culturas, alguns monges tentavam salvar alguns exemplares. Bernardino de Sahagun, já citado — mas nunca o citaremos bastante —, mandava copiar por astecas, às vezes às escondidas, livros destinados ao fogo. E pedia aos pintores nativos para ilustrá-los. Em contrapartida, esse infeliz nunca viu em vida sua obra publicada, pura e simplesmente porque o poder, um dia, ordenou a apreensão de seus escritos. Homem ingênuo, chegou a propor entregar também seus rascunhos. Felizmente, isso não foi feito. Foi a partir desses rascunhos, no essencial, que, dois séculos mais tarde, foi publicado quase tudo que sabemos dos astecas.

UE: Os espanhóis tiveram tempo para destruir os vestígios de uma civilização. Mas o nazismo durou apenas 12 anos!

JCC: E Napoleão 11 anos. E Bush oito, por enquanto. Embora não possamos comparar, sei muito bem. Uma vez me "diverti", como contei, considerando 20 anos de história do século XX, de 1933, chegada de Hitler ao poder, até 1953, que marca a morte de Stálin. Imaginem tudo que aconteceu nesses 20 anos. Segunda Guerra Mundial, tendo como satélites, como se o conflito generalizado não bastasse, um monte de guerras secundárias, antes, durante e depois: guerra civil espanhola, guerra da Etiópia, guerra da Coreia e com certeza vou esquecer algumas. É o retorno de Shiva. Mencionei duas mãos, das quatro. Tudo que nasceu será destruído. Mas a terceira mão faz o gesto de *abaya*, que significa: "Sem medo", pois — quarta mão — "graças à forma do meu espírito, já desgrudei um dos meus pés do solo". É uma das imagens mais complexas que a humanidade nos deu para interpretar. Se vocês a compararem à de Cristo na cruz, que é a imagem de um agonizante diante da qual nossa cultura se prosternou, esta última parece muito simples. Paradoxalmente, talvez tenha sido isso que constituiu sua força.

UE: Volto ao nazismo. Há algo de curioso em sua cruzada contra os livros. O inspirador da política cultural do nazismo era Goebbels, que dominava perfeitamente as novas ferramentas da informação e teve a ideia de que a rádio devia tornar-se o vetor por excelência de toda comunicação. Combater a comunicação dos livros pela comunicação da mídia... Profético.

JCC: Como passamos dos livros queimados pelos nazistas ao Pequeno Livro Vermelho de Mao e àquele fervor que exaltou, durante alguns anos, um povo de um bilhão de seres humanos?

UE: A ideia de gênio de Mao foi, em primeiro lugar, ter feito do Pequeno Livro Vermelho uma bandeira que bastava agitar. Sem necessidade de ler. Ou melhor, uma vez que ele sabia que os textos sagrados não são mais lidos da primeira à última página, propôs excertos desordenados, aforismos que se podia aprender de cor e recitar como mantras ou ladainhas.

JCC: Mas como chegamos a esse ponto, a essa obsessão aparentemente estúpida de todo um povo brandindo um livro vermelho? Por que esse regime marxista, coletivista, põe o livro acima de tudo?

UE: Nunca soubemos nada de muito preciso sobre a Revolução Cultural e a maneira como as massas foram manipuladas. Participei, em 1971, de um volume coletivo sobre os quadrinhos chineses. Um jornalista que estava na China começara a coligir todo um material sobre o qual não sabíamos nada. Tratava-se de quadrinhos que imitavam o estilo inglês, mas também fotonovelas. Essas obras, que datam da Revolução Cultural, não permitem naturalmente supor o que acontecia então na China. Ao contrário, eram pacifistas, opondo-se a toda forma de violência, favoráveis à tolerância e à compreensão mútua. Aconteceu a mesma coisa com o Pequeno Livro Vermelho, que na época era uma espécie de símbolo não violento. Naturalmente, não diziam que a glorificação *desse* pequeno livro implicava o desaparecimento de todos os outros.

JCC: Eu estava na China durante as filmagens de *O último imperador*, de Bertolucci, fazendo uma tripla reportagem. Uma sobre o próprio filme, outra sobre o renascimento do cinema chinês para os *Cahiers du Cinéma*, a última sobre a reaprendizagem dos instrumentos da música tradicional chinesa, a pedido de uma revista musical francesa. Meu encontro mais memorável foi o que tive com o diretor do Instituto dos Instrumentos da Música Tradicional. Interroguei-o para saber exatamente como a prática daqueles instrumentos havia sido abandonada durante a Revolução Cultural. Ele estava apenas começando a poder falar com um pouco mais de liberdade. Contou-me que primeiro haviam fechado o Instituto e destruído a biblioteca. Ele conseguiu, talvez correndo risco de vida, salvar alguns livros enviando-os para primos na província. Quanto a ele, foi transferido para uma aldeia para trabalhar como camponês. Todos os que tinham uma especialidade ou conhecimentos específicos deviam ser neutralizados. Era o princípio mesmo da Revolução: todo saber dissimula um poder, logo convém desvencilhar-se do saber.

Esse homem chegou a uma comunidade de camponeses que imediatamente se deram conta de que ele não sabia manejar nem a pá nem a picareta. Sugeriram então que ficasse em casa. E esse homem, o maior especialista em música tradicional chinesa, me disse: "Durante nove anos, joguei dominó."

Não estamos falando dos espanhóis na América há quatro ou cinco séculos, nem dos massacres perpetrados pelos cristãos durante as Cruzadas. Não. Estamos falando do que conhecemos durante nossas vidas. E o pior não fica para trás obrigatoriamente. Em sua *História universal da destruição dos livros*, Fernando Baez debruça-se sobre a destruição da biblioteca de Bagdá, que, por sua vez, data de 2003. Não é, aliás, a primeira vez que quiseram destruir uma biblioteca em Bagdá. Os mongóis já haviam se empenhado nisso. No caso, são terras diversas vezes invadidas, diversas vezes saqueadas, e nas quais pequenas pulgas terminam, apesar de tudo, ressurgindo. Nos séculos X, XI e XII, a civilização muçulmana é inegavelmente a mais brilhante. Ora, ela se vê subitamente atacada, e dos dois lados. Pelas cruzadas cristãs e pela reconquista que começa na Espanha de um lado, pelos mongóis do outro, que tomam Bagdá no século XIII e devastam a cidade. Os mongóis, como dissemos, destruíram cegamente, mas os cristãos não foram mais respeitosos. Baez conta que, durante sua passagem pela Terra Santa, eles destruíram cerca de três milhões de livros.

UE: É verdade, Jerusalém foi praticamente destruída depois que os cruzados entraram na cidade.

JCC: Mesma coisa quando se realiza a reconquista espanhola no fim do século XV. Cisneros, conselheiro da rainha Isabel de Castela, manda queimar todos os livros muçulmanos encontrados em Granada, poupando apenas algumas obras de medicina. Baez diz que metade dos poemas sufis dessa época teria sido queimada na oportunidade. Não podemos continuar a dizer que são os outros que destroem nossos livros. Temos ampla culpa nesse aniquilamento do saber e da beleza.

Dito isto, para nos alegrar um pouquinho em meio a essa enumeração de catástrofes, devemos dizer que o livro conheceu inimigos, e isso não é o menos surpreendente, entre os próprios autores de livros. E não tão longe de nós. Philippe Sollers lembrou a existência, na França, em torno dos movimentos de 1968, de um Comitê de Ação Estudantes-Escritores, que eu não conheci mas que parecia bastante ridículo. Esse comitê rebelava-se com ardor contra o ensino tradicional (era então de rigor) e clamava, não sem lirismo, por um "novo saber". Maurice Blanchot militava nesse comitê, que pedia em especial o desaparecimento do livro, acusado de manter o saber prisioneiro. As palavras deviam finalmente alforriar-se do livro, do objeto livro, evadir-se dele. Para se refugiar onde? Isso não é dito. Mas, assim mesmo, escreviam: "Livros nunca mais!" Slogans que eram escritos e proferidos por escritores!

UE: Para terminar com as fogueiras de livros, devemos citar aqui esses autores que pretenderam e às vezes conseguiram queimar suas próprias obras...

JCC: Provavelmente essa paixão de destruir aquilo que se criou exprime pulsões que estão no mais recôndito de nós. Pensemos, com efeito, no desejo louco de Kafka de queimar sua obra no momento de sua morte. Rimbaud quis destruir *Uma temporada no inferno*. Borges realmente destruiu seus primeiros livros.

UE: Virgílio pediu em seu leito de morte que queimassem a *Eneida*! Quem sabe se nesses devaneios de destruições não havia a ideia arquetípica de uma destruição pelo fogo que anunciaria um recomeço do mundo! Ou então a ideia segundo a qual morro e comigo morre o mundo... É Hitler suicidando-se após ter ateado fogo no mundo...

JCC: Em Shakespeare, quando Tímon de Atenas morre, ele exclama: "Morro, Sol para de brilhar!" Podemos pensar no camicase que arrasta consigo, em sua própria morte, uma parte desse mundo que ele repele. Mas é verdade que, no caso, trata-se dos camicases japoneses lançando seus aviões contra a esquadra americana ou dos autores de atentados suicidas, trata-se antes de morrer por uma causa. Lembrei em algum lugar que o primeiro camicase da história foi Sansão. Ele consegue desmoronar o templo onde estava confinado e morre esmagando com ele um grande número de filisteus. O atentado suicida é ao mesmo tempo crime e castigo. Trabalhei numa época com o diretor japonês Nagisa Oshima. Ele me dizia que todo japonês, em seu percurso de vida, passa sempre, num dado momento, muito perto da ideia e do ato do suicídio.

UE: É o suicídio de Jim Jones com cerca de mil discípulos na Guiana. É a morte coletiva dos davidianos em Waco, em 1993.

JCC: É preciso de vez em quando reler *Policeuto*, de Corneille, que põe em cena um convertido cristão sob o Império Romano. Ele corre para o martírio e quer arrastar com ele sua mulher Paulina. Para ele, não há destino mais elevado. Que presente de núpcias!

JPT: *Começamos a compreender que criar uma obra, publicá-la, divulgá-la, não é obrigatoriamente o melhor jeito de passar à posteridade...*

UE: De fato. Para ser conhecido, há naturalmente a criação (a dos artistas, dos fundadores de império, dos pensadores). Porém, quando não se tem a capacidade de criar, então resta a destruição, de uma obra de arte ou às vezes de si mesmo. Tomemos o caso de Heróstrato. Ele passou à posteridade por ter destruído o templo de Ártemis em Éfeso. Como era sabido que ele deflagrara o incêndio com a única finalidade de passar à posteridade, o governo ateniense proibiu que seu nome fosse doravante pronunciado. Isso evidentemente não bastou. A prova: guardamos o nome de Heróstrato, ao passo que esquecemos o nome do arquiteto do templo de Éfeso. Heróstrato, naturalmente, tem numerosos herdeiros. Convém mencionar entre eles todas aquelas pessoas que vão à televisão para revelar que são chifrudas. É uma forma típica de autodestruição. Contanto que estejam na primeira página, estão dispostas a tudo. É também o *serial killer* que no fim quer ser descoberto a fim de que falem dele.

JCC: Andy Warhol traduzia esse desejo com seu célebre *Famous for fifteen minutes*.

UE: É essa mesma pulsão que impele o sujeito que está atrás da pessoa que filmamos na televisão a agitar os braços para ter certeza de que foi vista. Isso nos parece cretino, mas é seu momento de glória.

JCC: As propostas que os produtores de televisão recebem são muitas vezes extravagantes. Alguns chegam a afirmar que estão dispostos a se matar ao vivo. Ou a simplesmente sofrer, ser chicoteados, torturados. Ou então a mostrar sua mulher fazendo amor com outro. As formas do exibicionismo contemporâneo parecem não conhecer limite.

UE: Temos um programa na televisão italiana, "La Corrida", que propõe a amadores virem manifestar-se sob as vaias de um público enfurecido. Todos sabem que vão ser massacrados e, não obstante, o programa é obrigado a recusar sempre milhares de candidatos. Muito poucos alimentam ilusões sobre seu talento, mas oferecem-lhe uma chance única de serem vistos por milhões de pessoas, então estão dispostos a tudo para isso.

Todos os livros que não lemos

JPT: *Vocês citaram, durante essas conversas, inúmeros títulos, variegados e às vezes espantosos, mas uma pergunta, por favor: vocês leram esses livros?* Um homem culto deve necessariamente ter lido os livros que supostamente conhece? Ou basta ele formar uma opinião, a qual, uma vez definida, dispensa-o para sempre de lê-los? Imagino que vocês ouviram falar do livro de Pierre Bayard Como falar dos livros que não lemos. *Falem-me então dos livros que vocês não leram.*

UE: Posso começar, se preferir. Participei em Nova York de um debate com Pierre Bayard e creio que, nessas questões, ele diz coisas certíssimas. Há mais livros neste mundo do que horas de que dispomos para tomar conhecimento deles. Não se trata nem de ler todos os livros que foram produzidos, mas apenas os livros mais representativos de uma cultura em particular. Somos profundamente influenciados por livros que não lemos, que não tivemos tempo de ler. Quem realmente leu *Finnegans*

Wake, quer dizer, da primeira à última palavra? Quem leu realmente a Bíblia, do Gênesis ao Apocalipse? Somando todos os excertos que li, posso me gabar de ter lido um bom terço. Mas não mais que isso. Entretanto tenho uma ideia bastante precisa do que não li. Confesso que vim a ler *Guerra e paz* apenas aos 40 anos de idade. Mas sabia o essencial dele antes de lê-lo. Você citou o *Mahabharata*: nunca li, embora possua três edições dele em três línguas diferentes. Quem leu *As mil e uma noites* da primeira à última página? Quem leu de fato o *Kama-Sutra*? Entretanto, todo mundo fala dele, e alguns o colocam em prática. O mundo então está cheio de livros que não lemos, mas sobre os quais sabemos praticamente tudo. A questão, portanto, é saber como conhecemos esses livros. Bayard diz que nunca leu o *Ulisses* de Joyce, mas que está em condições de falar sobre ele para seus alunos. Ele pode dizer que o livro conta uma história que se passa num único dia, que o contexto é Dublin, o protagonista um judeu, a técnica que usa o monólogo interior etc. E todos esses elementos, ainda que ele não o tenha lido, são rigorosamente verdadeiros.

À pessoa que entra na sua casa pela primeira vez, descobre sua imponente biblioteca e não acha nada melhor para lhe perguntar a não ser: "Você leu todos?", conheço várias maneiras de responder. Um amigo respondia: "Mais, cavalheiro, mais."

Quanto a mim, tenho duas respostas. A primeira é: "Não. Esses livros são apenas os que devo ler semana que vem. Os que já li estão na universidade." A segunda resposta é: "Não li nenhum desses livros. Senão, por que os guardaria?" Há naturalmente outras respostas mais polêmicas, para humilhar mais e até para frustrar o interlocutor. A verdade é que temos todos em nossas casas dezenas, ou centenas, ou mesmo milhares (se nossa biblioteca for imponente) de livros que não lemos. Entretanto, um dia ou outro, acabamos por pegar esses livros na mão para perceber que já os conhecíamos. E aí? Como conhecemos livros que não lemos? Primeira explicação ocultista que não considero: ondas circulam do livro até você. Segunda explicação: ao longo dos anos, não é verdade que você não abriu esse livro, você deslocou-o diversas vezes, talvez tenha até mesmo folheado, mas não se lembra. Terceira resposta: durante esses anos você leu um monte de livros que citavam esse livro, o qual terminou por lhe ser familiar. Logo, há diversas maneiras de saber alguma coisa sobre livros que não lemos. Felizmente, senão, onde arranjar tempo para reler quatro vezes o mesmo livro?

JCC: A respeito dos livros das nossas bibliotecas que não lemos, e que provavelmente nunca leremos: há provavelmente em cada um de nós a ideia de separar, colocar em algum lugar à parte livros com os quais temos um encontro marcado, mas mais tarde, muito mais tarde, talvez até numa outra vida. É terrível a lamentação desses moribundos que constatam que sua derradeira hora chegou e que ainda não leram Proust.

UE: Quando me perguntam se li este ou aquele livro, por precaução respondo sempre: "Você sabe, não leio, escrevo." Então todo mundo se cala. Às vezes há perguntas insistentes: "Você leu *A feira das vaidades*, o romance de Thackeray?" Terminei por ceder a essa injunção e, por três vezes, tentei lê-lo. Mas o romance me cansou.

JCC: Você acaba de me prestar um grande favor, pois eu me prometera lê-lo. Obrigado.

UE: Na época em que eu estava na universidade, em Turim, eu me alojava num quarto no colégio universitário. Por uma lira, que enfiávamos na mão do chefe da claque, podíamos assistir às representações em cartaz no teatro comunal. Em quatro anos de universidade, vi todas as obras-primas do teatro antigo e contemporâneo. Mas como o colégio fechava suas portas à meia-noite e meia e a noite no teatro raramente terminava a tempo de nos permitir voltar aos nossos quartos, assisti a todas as obras-primas do teatro sem os últimos cinco ou dez minutos. Mais tarde, conheci o meu amigo Paolo Fabbri, que, quando estudante, para ganhar um pouco de dinheiro, recebia os ingressos na entrada do teatro universitário de Urbino. Dessa forma, só podia assistir ao espetáculo quinze minutos depois de o pano subir, após a entrada de todos os espectadores. Faltava-lhe então o início, e, para mim, o fim. Precisávamos absolutamente prestarmo-nos assistência mútua. Foi o que sempre sonhamos fazer.

JCC: Da mesma forma me pergunto se de fato vi os filmes que julgo ter visto. Provavelmente vi trechos na televisão, li livros que falam deles. Conheço o resumo, amigos comentaram comigo. Uma confusão se estabelece na minha memória entre os filmes que tenho certeza de ter visto, os que tenho certeza de não ter visto e todos os demais. Por exemplo, *Os Nibelungos*, o filme mudo de Fritz Lang: tenho nos olhos imagens de Siegfried matando o dragão numa floresta magnífica, construída em estúdio. As árvores parecem feitas de cimento. Mas vi esse filme? Ou apenas esse trecho? Vêm em seguida os filmes que tenho certeza de não ter visto e sobre os quais falo como se tivesse visto. Às vezes até num tom de autoridade. Estávamos um dia em Roma com Louis Malle e amigos franceses e italianos. Vem à baila o filme de Visconti, *O Gattopardo*. Somos, Louis e eu, de opiniões diferentes, e, como somos do ramo, empenhamo-nos em fazer nosso ponto de vista prevalecer. Um de nós gostava do filme, o outro odiava-o: não sei mais quem era pró, quem era contra. Não faz mal. Toda a mesa nos escuta. Vejo-me subitamente invadido por uma dúvida e pergunto a Louis: "Você viu esse filme?" Ele me responde: "Não. E você? — Também não." As pessoas que nos escutavam ficaram indignadas, como se lhes tivéssemos feito perderem seu tempo.

UE: Quando há uma cátedra vaga numa das universidades italianas, uma comissão nacional reúne-se para selecionar o melhor candidato ao posto. Cada comissário recebe então montanhas de publicações de todos os candidatos. Conta-se a história de um desses comissários, cujo gabinete está tomado por aqueles papéis. Perguntam-lhe quando exatamente ele arranjará tempo para lê-los e ele responde. "Nunca os lerei. Não quero deixar-me influenciar por pessoas a quem devo julgar."

JCC: Ele tinha razão. Uma vez lido o livro, ou visto o filme, você se verá obrigado a defender sua opinião pessoal, ao passo que, se não sabe nada da obra, irá usufruir das opiniões dos outros em sua pluralidade, diversidade, encontrará os melhores argumentos, inclusive contrariando seu gosto, que não é obrigatoriamente bom...

Há outra dificuldade. Tomo o exemplo do *Castelo* de Kafka, que li tempos atrás. Mas vi em seguida dois filmes livremente adaptados do *Castelo*, um dos quais o de Michael Haneke, que deformaram razoavelmente minha primeira impressão e necessariamente embaralharam minhas recordações de leitura. Será que agora não penso no *Castelo* através dos olhos desses cineastas? Você dizia que o teatro de Shakespeare que lemos hoje é obrigatoriamente mais rico do que o que ele escreveu, porque essas peças absorveram todas as grandes leituras e interpretações que se sucederam desde que a pena de Shakespeare rangia celeremente sobre o papel. E creio nisso. Shakespeare se enriquece e fortalece incessantemente.

UE: Já falei como os jovens na Itália descobriam a filosofia, não através da atividade filosófica, como na França, mas através da história da disciplina. Lembro-me do meu professor de filosofia, um homem extraordinário. Foi graças a ele que fiz estudos de filosofia na universidade. Há realmente elementos de filosofia que compreendi com sua mediação. É provável que esse excelente professor não tenha lido todos os livros aos quais seu curso fazia referência. Isso então quer dizer que muitos livros dos quais ele me falava, com entusiasmo e competência, eram na verdade desconhecidos para ele. Ele só os conhecia através das histórias da filosofia.

JCC: Quando Emmanuel Le Roy Ladurie dirigia a Biblioteca Nacional, ele se dedicou a um estudo estatístico bem estranho. Entre a criação da Biblioteca Nacional, a partir da Revolução, digamos nos anos 1820, e nossos dias, mais de dois milhões de títulos nunca foram consultados. Nem uma única vez. Talvez se trate de livros sem nenhum interesse, obras devotas, antologias de orações, ciências aproximativas como você gosta, pensadores justamente esquecidos. Na época de formação do acervo da Biblioteca, no início, caçambas cheias de livros descarregavam no pátio da rua de Richelieu. Era preciso então recebê-los, classificá-los, provavelmente às pressas. Depois disso, os livros entravam em sua maioria num longo sono, em que ainda se encontram. Agora, coloco-me do lado do escritor ou do autor que nós três somos. Saber que nossos livros estão jogados numa prateleira sem que ninguém cogite em pegá-los não é uma ideia muito auspiciosa. Não imagino que seja esse, Umberto, o caso de seus livros! Em que país eles são mais bem recebidos?

UE: Em termos de tiragem, talvez seja a Alemanha. Se você vende 200 ou 300 mil exemplares na França, é um recorde. Na Alemanha, precisa passar de um milhão para ser bem-visto. Os ingleses geralmente preferem pegar os livros emprestados nas bibliotecas. A Itália, por sua vez, deve situar-se imediatamente antes de Gana. Em contrapartida, os italianos leem muitas revistas, mais que os franceses. Foi a imprensa, em todo caso, que descobriu um método de conduzir não leitores para os livros. Como? Isso aconteceu na Espanha e na Itália, e não na França. O jornal oferece aos seus leitores, por uma soma bem modesta, um livro ou um DVD junto com o exemplar. Essa prática foi denunciada pelos livreiros, mas terminou se impondo apesar de tudo. Lembro, quando *O nome da rosa* foi assim oferecido gratuitamente acoplado ao jornal *La Repubblica,* que o jornal vendeu dois milhões de exemplares (em vez das 650.000 habituais) e meu livro então tocou dois milhões de leitores (e, se considerarmos que o livro talvez interessasse a toda a família, digamos prudentemente quatro milhões). Talvez houvesse nisso, de fato, algo com que preocupar os livreiros. Ora, seis meses mais tarde, auferindo as vendas do semestre nas livrarias, verificou-se que a venda da edição de bolso não se reduzira senão ligeiramente. Logo, esses dois milhões eram simplesmente pessoas que não frequentavam livrarias. Ganhamos um público novo.

JPT: *Vocês dois manifestam um ponto de vista eu diria entusiasta sobre a prática da leitura em nossas sociedades. Os livros não se limitam mais às elites. E competem com outros suportes, cada vez mais sedutores e de melhor performance, resistindo e demonstrando que nada pode substituí-los. A roda, mais uma vez, revela-se insuperável.*

JCC: Um dia, há 20 ou 25 anos, pego o metrô na estação Hôtel-de-Ville. Na plataforma há um banco e nesse banco um homem, que coloca ao seu lado quatro ou cinco livros. Lê. Os metrôs passam. Observo aquele homem que não se interessa por nada além de seus livros e resolvo demorar-me um pouco. Ele me interessa. Acabo me aproximando e acontece uma breve conversa. Pergunto-lhe educadamente o que faz. Ele me explica que vem todas as manhãs às oito e meia e fica até o meio-dia. Sai então, durante uma hora, para ir almoçar. Depois volta ao seu lugar e permanece no banco até as seis da tarde. Conclui com estas palavras que nunca esqueci: "Leio, nunca fiz nada a não ser isso." Despeço-me, pois tenho a impressão de fazê-lo perder seu tempo.

Por que o metrô? Porque ele não podia ficar num café o dia inteiro sem consumir e provavelmente não podia oferecer-se esse luxo. O metrô era de graça, quentinho, e o vaivém das pessoas não o perturbava em nada. Perguntei-me, e ainda me pergunto, se se tratava do leitor ideal ou de um leitor totalmente pervertido.

UE: E o que ele estava lendo?

JCC: Era bem eclético. Romances, livros de história, ensaios. Acho que havia nele mais uma espécie de dependência à leitura do que um real interesse pelo que lia. Disseram que a leitura é um vício impenitente. Esse exemplo mostra que pode se tornar uma verdadeira perversão. E até um fetichismo.

UE: Quando eu era criança, uma vizinha me dava um livro todos os anos no Natal. Um dia ela me perguntou: "Diga-me, Umbertino, você lê para saber o que tem no livro ou porque gosta de ler?" E tive que admitir que nem sempre eu estava apaixonado pelo que lia. Eu lia pelo gosto de ler, qualquer coisa. Foi uma das grandes revelações da minha infância!

JCC: Ler por ler, assim como viver por viver. Também conhecemos pessoas que vão ao cinema para ver filmes, isto é, imagens se mexendo, num certo sentido. Pouco importa, às vezes, o que o filme mostra ou conta.

JPT: *Podemos identificar nisso um vício na leitura?*

JCC: Com certeza. Esse homem no metrô é um exemplo disso. Imaginem alguém que diariamente dedicasse algumas horas à caminhada, mas que não prestasse nenhuma atenção à paisagem, às pessoas com quem cruzasse, ao ar que respirasse. Existe um ato de caminhar, de correr, assim como existe um ato de ler. O que você pode guardar dos livros que leu dessa maneira? Como nos lembrar do que lemos quando percorremos no mesmo dia dois ou três livros? No cinema, às vezes, há espectadores que se trancam para verem quatro ou cinco filmes por dia. É a sorte dos jornalistas e dos jurados nos festivais. Difícil se situar.

UE: Passei por isso uma vez. Eu tinha sido nomeado jurado no Festival de Veneza. Achei que ia enlouquecer.

JCC: Quando você sai da sala de projeção, titubeante, após ter visto sua ração diária, até as palmeiras da Croisette, em Cannes, lhe parecem falsas. A finalidade não é ver a todo custo ou ler a todo custo, mas saber o que fazer com essa atividade e como extrair dela um alimento substancial e duradouro. Será que os adeptos da leitura dinâmica saboreiam realmente o que leem? Se você pular as longas descrições de Balzac, será que não perde exatamente o que constitui a marca profunda de sua obra? Aquilo que ele é o único a lhe proporcionar?

UE: Como aqueles que, num romance, procuram as aspas ou os travessões anunciando um diálogo. Devo ter feito isso na juventude, lendo relatos de aventuras, pulado alguns trechos para chegar aos diálogos seguintes.

Mas continuemos com o nosso tema. O dos livros que não lemos. O escritor Achille Campanile imaginou um artifício para estimular a leitura. Como o marquês de

Fuscaldo tornou-se o homem mais sábio de seu tempo? Herdara do pai uma imensa biblioteca, mas ignorava-a solenemente. Um dia, ao abrir um livro por acaso, achou uma cédula de 2 mil liras entre duas páginas. Perguntou-se se o mesmo acontecia nos outros livros e passou o resto de sua vida folheando sistematicamente todos os livros que recebeu de herança. E foi assim que se tornou um poço de saber.

JPT: *"Não leiam Anatole France!" O conselho ou "desconselho" para lê-lo, como praticavam os surrealistas, não teve como consequência chamar atenção para obras que nunca pretenderíamos ler se não fosse por isso?*

UE: Os surrealistas não foram os únicos a desaconselhar a leitura de determinados autores ou de determinados livros. Trata-se de um gênero de crítica polêmica que provavelmente sempre existiu.

JCC: Breton elaborara uma lista dos autores a serem lidos e dos autores a não serem lidos. Leiam Rimbaud, não leiam Verlaine. Leiam Hugo, não leiam Lamartine. Curiosamente: leiam Rabelais, não leiam Montaigne. Se seguir seus conselhos ao pé da letra, você passará à margem de alguns livros interessantes. Devo dizer, apesar de tudo, que isso me poupou de ler, por exemplo, *O grande Meaulnes.*

UE: Você não leu *O grande Meaulnes?* Então você nunca deveria ter escutado Breton. O livro é maravilhoso.

JCC: Talvez ainda não seja tarde demais. Sei que os surrealistas fulminaram abertamente Anatole France.

Mas ele, eu li. Deleitei-me frequentemente com *A revolta dos anjos*, por exemplo. Mas que raiva eles tinham dele! Quando morreu, recomendaram confiná-lo numa dessas compridas caixas de ferro que os buquinistas têm, ao longo dos cais do Sena, em meio àqueles velhos livros que ele tanto amara, e jogá-lo no rio. Percebemos claramente, nesse caso também, um ódio à velha poeira livresca, inútil, espaçosa e o mais das vezes estúpida. Dito isto, a pergunta subsiste: os livros que não foram nem queimados, nem mal transmitidos ou mal traduzidos, nem censurados, e que bem ou mal chegaram até nós, são realmente os melhores, os que devemos ler?

UE: Falamos dos livros que não existem ou que não existem mais. Dos livros não lidos e à espera de serem lidos, ou de não serem lidos. Eu agora queria falar dos autores que não existem e que não obstante conhecemos. Personalidades do mundo da edição encontram-se um dia em torno de uma mesa na Feira do Livro de Frankfurt. Estão ali Gaston Gallimard, Paul Flamand, Ledig-Rowohlt e Valentino Bompiani. Ou seja, o estado-maior da edição na Europa. Comentam aquela nova loucura que tomou conta da edição e que consiste em incensar jovens autores que ainda não deram provas de seu talento. Um deles tem a ideia de inventar um autor. Seu nome será Milo Temesvar, autor do já conceituado *Let me say now*, pelo qual a American Library já ofereceu esta manhã 50 mil dólares. Decidem então fazer circular esse boato e ver o que acontece.

Bompiani volta ao seu estande e conta-nos a história, a mim e ao meu colega (trabalhávamos na época para ele). A ideia nos seduz e começamos a perambular pelos corredores da feira espalhando misteriosamente o nome dali a pouco famoso de Milo Temesvar. À noite, durante o jantar, Giangiacomo Feltrinelli vem até nós, muito excitado, e nos diz: "Não percam seu tempo. Comprei os direitos mundiais de *Let me say now!*" Desde essa época, Milo Temesvar tornou-se importantíssimo para mim. Escrevi um artigo que era a resenha de um livro de Temesvar, *The Patmos Sellers*, supostamente uma paródia de todos os mercadores de apocalipse. Apresentei Milo Temesvar como um albanês que tinha sido expulso de seu país por revisionismo de esquerda! Ele tinha escrito um livro inspirado por Borges sobre o uso dos espelhos no jogo de xadrez. Para sua obra sobre os apocalipses, eu chegara inclusive a propor um nome de editor que era manifestamente forjado. Eu soube que Arnoldo Mondadori, na época o maior editor italiano, mandara recortar meu artigo, sobre o qual anotara, em vermelho: "Comprar esse livro a que preço for."

Mas Milo Temesvar não ficou nisso. Se você ler a introdução a *O nome da rosa*, verá um texto de Temesvar citado nela. Portanto, encontrei o nome Temesvar em determinadas bibliografias. Recentemente, para fazer uma paródia do *Código Da Vinci*, citei algumas de suas obras em georgiano e russo, provando dessa forma que ele dedicou estudos eruditos ao livro de Dan Brown. Portanto, convivi a vida inteira com Milo Temesvar.

JPT: *Em todo caso, vocês conseguiram tirar definitivamente a culpa de todas as pessoas que possuem em suas prateleiras um monte de livros que não leram e nunca lerão!*

JCC: Uma biblioteca não é obrigatoriamente formada por livros que lemos ou livros que um dia leremos, é fundamental esclarecer isso. São livros que podemos ler. Ou que poderíamos ler. Ainda que jamais venhamos a lê-los.

UE: É a garantia de um saber.

JPT: *É uma espécie de adega. Não é recomendável beber tudo.*

JCC: Também formei uma excelente adega e sei que vou deixar garrafas espetaculares para os meus herdeiros. Em primeiro lugar, porque bebo cada vez menos vinho e compro cada vez mais. Mas sei que, se me desse vontade, poderia descer à minha adega e enxugar minhas melhores safras. Compro vinhos *en primeur*. O que significa que você os compra no ano da colheita e os recebe três anos depois. O interessante é que, caso se trate de um Bordeaux de qualidade, por exemplo, os produtores os guardam em tonéis, depois em garrafas, nas melhores condições possíveis. Durante esses três anos, seu vinho se aprimora e você evitou bebê-lo. É um ótimo sistema. Três anos depois, você em geral esqueceu que tinha encomendado aquele vinho. Você recebe um presente de você para você. É delicioso.

JPT: *Não poderíamos fazer a mesma coisa com livros? Deixá-los de lado, não obrigatoriamente numa adega, mas deixá-los amadurecer.*

JCC: Em todo caso, isso combateria o chatíssimo "efeito de novidade" que nos obriga a ler porque é novo, porque acaba de ser publicado. Por que não guardar um livro "de que estão falando" e ler três anos mais tarde? É um método que uso muito com filmes. Como não tenho tempo de ver todos que deveria ver, guardo em algum lugar aqueles que um dia possa querer ver. Tempos depois, constato que a vontade e a necessidade de vê-los ficaram para trás, em sua grande maioria. Nesse sentido, a compra *en primeur* já é uma filtragem. Escolho o que gostaria de beber daqui a três anos. É pelo menos o que me dizem. Ou então, outro método, você pode confiar na filtragem realizada por um "especialista", mais competente que você e que conhece seus gostos. Eu, por exemplo, fiquei anos nas mãos de Gérard Oberlé, que me apontava os livros que eu devia comprar, independentemente dos meus recursos financeiros do momento. Ele mandava, eu obedecia. Foi assim que fiz a aquisição, por ocasião de nosso primeiro encontro, de *Pauliska ou a perversidade moderna, memórias recentes de uma polonesa*, romance do fim do século XVII que nunca mais vi desde essa época já remota.

Nele, há uma cena que sempre sonhei adaptar para o cinema. Um homem, que é um tipógrafo, descobre um dia que sua mulher é infiel. Tem a prova disso: uma carta que ela recebeu de seu amante e que ele descobriu. O marido compõe então o conteúdo dessa carta na sua prensa, despe a mulher, amarra-a numa mesa e lhe imprime a carta no corpo, o mais profundamente possível. O corpo nu e branco vira papel, a mulher grita de dor e transforma-se num livro para sempre. É como uma prefiguração de *A letra escarlate*, de Hawthorne. Esse sonho, imprimir uma carta de amor no corpo de uma mulher culpada, é claramente uma visão de tipógrafo ou, a bem da verdade, de escritor.

Livro no altar e livros no "Inferno"

JPT: *Prestamos uma homenagem enfática ao livro e a todos os livros, aos que desapareceram, aos que não lemos, aos que não devemos ler. Essa homenagem é compreensível no contexto de sociedades que instalaram o livro num altar. Talvez devamos agora dizer alguma coisa sobre as nossas religiões do Livro.*

UE: É importante observar que é inapropriadamente que chamamos as três grandes religiões monoteístas de "religiões do Livro", uma vez que o budismo, o bramanismo e o confucionismo também são religiões que se referem a livros. A diferença é que, no monoteísmo, o Livro fundador reveste-se de uma significação particular. Ele é venerado porque supostamente soube traduzir e transcrever alguma coisa da palavra divina.

JCC: No que toca às religiões do Livro, a referência inconteste permanece a Bíblia hebraica, o mais antigo dos três. O texto foi estabelecido, julga-se saber, durante o cativeiro na Babilônia, isto é, em torno do século VII e VI antes da era cristã. Deveríamos basear nossas interpretações nos comentários dos especialistas. Mas, de toda forma, está dito na Bíblia: "No começo era o Verbo, e o Verbo era Deus." Mas como o verbo torna-se escrita? Por que ele é o livro que representa e encarna o verbo? Como, e com que garantias, passou-se de um a outro? A partir disso, com efeito, o simples fato de *escrever* vai se revestir de uma importância quase mítica, como se o detentor da escrita, dessa ferramenta incomparável, desfrutasse de uma relação secreta com Deus, com os segredos da Criação. Por outro lado, devemos nos perguntar em que língua o verbo escolheu encarnar-se. Se o Cristo tivesse escolhido a nossa época para nos visitar, provavelmente teria adotado o inglês. Ou o chinês. Mas ele se exprimia em aramaico, antes de ser traduzido em grego, depois em latim. Todas essas etapas, evidentemente, colocam em perigo a mensagem. Será que ele realmente disse o que o fazemos dizer?

UE: Quando se quis ensinar línguas estrangeiras nas escolas texanas no século XIX, um senador opôs-se taxativamente com este argumento, cheio de bom senso: "Se o inglês bastava para Jesus, então não precisamos de outras línguas."

JCC: Quanto à Índia, é outra coisa. Os livros existem, naturalmente, mas a tradição oral continua a se revestir de um grande prestígio. É, ainda hoje, julgada mais confiável. Por quê? Os textos antigos são ditos e principalmente cantados em grupo. Se alguém comete um erro, o grupo está ali para apontá-lo. A tradição oral dos grandes poemas épicos, que perdurou por quase mil anos, seria então mais exata do que nossas transcrições feitas por monges, os quais copiavam à mão em seus *scriptoria* os textos antigos, repetindo os erros de seus predecessores e acrescentando novos. Não encontramos no mundo indiano essa ideia de associar o verbo ao divino, nem mesmo à Criação. Pura e simplesmente porque os próprios deuses foram criados. No começo vibra um vasto caos atravessado por movimentos musicais ou sons. Esses sons terminam, após milhões de anos, por se tornar as vogais. Lentamente, elas se combinam, apeiam-se em consoantes, transformam-se em palavras e essas palavras vão se combinar por sua vez, compondo os Vedas. Os Vedas não têm autor. São produtos do cosmo e por esse motivo constituem autoridade. Quem ousaria duvidar da palavra do universo? Mas nós podemos, e inclusive devemos, tentar compreendê-la. Pois os Vedas são muito obscuros, como as profundezas ilimitadas de onde nasceram. Logo, precisamos dos comentários para iluminá-los. Vêm então os *Upanishads* e a segunda categoria dos textos fundadores da Índia, e finalmente os autores. É entre os textos da segunda categoria e os autores que aparecem os deuses. São as palavras que criam os deuses, e não o oposto.

UE: Não é uma coincidência os indianos terem sido os primeiros linguistas e gramáticos.

JPT: *Podem contar como vocês entraram na "religião do Livro"? Seu primeiro contato com os livros?*

JCC: Nasci no campo numa casa sem livros. Meu pai leu e releu um único livro, acho, durante toda a sua vida, *Valentine*, de George Sand. Quando lhe perguntei por que o relia sempre, respondia: "Gosto muito dele, por que leria outros?"

Os primeiros livros que entraram na casa — se excetuarmos alguns velhos missais — foram meus livros de criança. Acho que o primeiro livro que vi na minha vida, indo à missa, foi o livro sagrado, colocado em destaque no altar e cujas páginas o padre virava com respeito. Portanto, meu primeiro livro foi um objeto de veneração. O padre, nessa época, dava as costas para os fiéis e lia o evangelho com extremo fervor, cantado no início: "*In illo tempore, dixit Jesus discipulis suis...*"

A verdade saía cantando de um livro. Alguma coisa de profundamente gravado em mim me faz olhar o lugar do livro como privilegiado, e até sagrado, reinando sempre com maior ou menor intensidade no altar da minha infância. O livro, por ser um livro, contém uma verdade que escapa aos homens.

Curiosamente, reencontrei esse sentimento muito mais tarde num filme de Laurel e Hardy, que estão entre meus personagens prediletos. Laurel afirma alguma coisa, não sei mais o quê. Hardy espana-se, pergunta-lhe se ele tem certeza daquilo. E Laurel responde: "Tenho, li num livro." Argumento que ainda hoje me parece presunçoso.

Virei bibliófilo muito cedo, se é que o era, pois encontrei uma lista de livros que eu elaborara aos 10 anos. Já continha oitenta títulos! Júlio Verne, James Oliver Curwood, Fenimore Cooper, Jack London, Mayne Reid e outros. Guardei essa lista comigo como uma espécie de primeiro catálogo. Logo, já havia uma atração. Ela vinha ao mesmo tempo da privação de livros e dessa aura extraordinária, em nossos campos, do grande Missal. Não se tratava de um antifonário, mas de um livro de um tamanho já respeitável, tão pesado de carregar quanto um bebê.

UE: Minha descoberta do livro foi diferente. Meu avô paterno, que morreu quando eu tinha 5 ou 6 anos, era tipógrafo. Como todos os tipógrafos, era politicamente engajado em todas as lutas sociais de sua época. Socialista humanitário, não se contentava em organizar a greve com seus amigos. Convidava os furadores de greve para almoçar com ele, no dia da greve, para evitar que fossem espancados! De tempos em tempos íamos visitá-lo fora da cidade. Depois que se aposentou, virou encadernador de livros. Na casa dele, numa bancada, um monte de livros esperava para ser encadernado. Em sua maioria, ilustrados; você sabe, aquelas edições de romances populares do século XIX com gravuras de Joannot, Lenoir... Meu amor pelo folhetim certamente nasceu em grande parte nessa época, quando eu frequentava a oficina do meu avô. Quando ele morreu, ainda havia em sua casa livros que lhe haviam dado para encadernar, mas que ninguém viera reclamar. Tudo isso foi colocado numa enorme caixa, que meu pai, primeiro de 13 filhos, herdou.

Essa enorme caixa ficava então no porão da casa da família, isto é, ao alcance da minha curiosidade, despertada pelo convívio com esse avô. Como eu tinha que descer ao porão a fim de pegar o carvão para a calefação da casa ou uma garrafa de vinho, eu me via em meio a todos aqueles livros não encadernados, extraordinários, para um garoto de 8 anos. Estava tudo ali para despertar minha inteligência. Não apenas Darwin, mas livros eróticos e todos os episódios de 1912 a 1921 do *Giornato illustrato dei viaggi*, versão italiana do *Journal des voyages et des aventures de terre et de mer*. Minha imaginação então se alimentara de todos aqueles franceses corajosos que degolavam o prussiano infame, tudo isso imerso num nacionalismo exacerbado que, evidentemente, eu não percebia. Tudo temperado com uma crueldade de que não fazíamos ideia, cabeças cortadas, virgens defloradas, crianças escorchadas nas terras mais exóticas. Infelizmente, toda essa herança do meu avô desapareceu. Eu os lera tanto e emprestara tanto a meus amigos que os livros acabaram por entregar suas almas. Um editor italiano, Sonzogno, especializara-se naqueles relatos de aventuras ilustrados. Como, nos anos 1970, o grupo editorial que me publicava o adquiriu, logo me alegrei diante da ideia de talvez reencontrar alguns livros da minha juventude, como por exemplo os *Les ravageurs de la mer*, de Jacolliot, traduzido em italiano sob o título de *Il Capitano Satana*. Mas o acervo do editor fora destruído pelos bombardeios durante a guerra. Para reconstituir minha biblioteca infantil, tive que pesquisar durante anos nos buquinistas e nos sebos, e ainda não terminei...

JCC: Convém destacar, e é o que você está fazendo, o quanto essa literatura infantil teve de influência sobre nossos destinos. Os especialistas em Rimbaud lembram o quanto *Le Bateau ivre* deve à sua leitura de *Costal l'Indien* de Gabriel Ferry. Mas constato, Umberto, que você começa com relatos de aventuras e folhetins, e eu com livros sagrados. Pelo menos um. O que talvez explique algumas divergências em nossos caminhos, quem sabe? O que realmente me espantou, em minhas primeiras viagens à Índia, foi que não existisse livro no culto hindu. Não existe texto escrito. Não dão aos fiéis nada para ler ou cantar, já que eles são em sua maioria analfabetos.

É provavelmente por essa razão que insistimos, no Ocidente, em falar das "religiões do Livro". A Bíblia, o Novo Testamento e o Corão são prestigiosos. Não estão aí para iletrados, para os ignorantes, para as classes baixas. São percebidos como não escritos por Deus, mas praticamente ditados por ele ou segundo sua inspiração. O Corão é recolhido sob o ditado de um anjo e o Profeta, a quem é pedido que "leia" (é a primeiríssima injunção), deve admitir que não sabe, que não aprendeu. O dom de ler o mundo e de exprimi-lo é-lhe então concedido. A religião, o contato com Deus, nos eleva ao conhecimento. É essencial ler.

Os Evangelhos são constituídos a partir dos testemunhos dos apóstolos, que memorizaram a palavra do filho de Deus. Para a Bíblia, isso depende dos livros. Não há outra religião em que o livro desempenhe esse papel de ponte entre o mundo divino e o mundo dos homens. Alguns textos hinduístas são sagrados, como o *Bhagavad-Gita*. Porém, mais uma vez, não figuram entre os objetos de culto propriamente ditos.

JPT: *Será que os mundos grego e romano veneraram o livro?*

UE: Não como objeto religioso.

JCC: Talvez os romanos tenham venerado os livros sibilinos, que continham os oráculos das sacerdotisas gregas e que os cristãos queimaram. Os dois livros "sagrados" dos gregos eram sem dúvida Hesíodo e Homero. Mas não se pode dizer que se tratasse de revelações religiosas.

UE: Numa civilização politeísta, não pode existir uma autoridade superior às outras e, portanto, a noção de um único "autor" da revelação não faz sentido.

JCC: O *Mahabharata* foi escrito por Vyasa, um aedo, o Homero indiano. Mas nos achamos num tempo de pré-escrita. Vyasa, o autor primeiro, não sabe escrever. Ele explica que compôs "o grande poema do mundo", que ele deve nos dizer tudo que devemos saber, mas que não pode escrevê-lo, não sabe. Os homens — ou os deuses — ainda não inventaram a escrita. Vyasa precisa de alguém para escrever o que ele sabe, para estabelecer a verdade entre os homens graças à escrita. Brahma lhe envia, nessa ocasião, o semideus Ganesha, que aparece com sua barriguinha rechonchuda, sua cabeça de elefante e um aparato de escrita. No momento de escrever, quebra uma de suas cerdas, a qual mergulha no tinteiro. É por essa razão que todas as representações de Ganesha mostram-no com a cerda direita quebrada. Uma rivalidade estimulante instaura-se então entre Ganesha e Vyasa ao longo de toda a escrita do poema. Logo, o *Mahabharata* é contemporâneo do nascimento da escrita. É a primeira obra escrita.

UE: É o que também dizem dos poemas homéricos.

JCC: A veneração pela Bíblia de Gutenberg, que mencionamos, justifica-se plenamente no contexto de nossas religiões do Livro. A história moderna do livro também começa com uma Bíblia.

UE: Mas essa veneração diz respeito sobretudo ao círculo dos bibliófilos.

JCC: Quantas existem? Você sabe?

UE: As fontes não são unânimes. Podemos calcular que entre duzentos e trezentos exemplares devem ter sido impressos. Quarenta e oito sobrevivem hoje, dos quais 12 em velino. Talvez existam alguns dormindo nas casas de particulares. Nossa velha dama ignorante evocada anteriormente e disposta a se desfazer deles.

JCC: O fato de que tenha sido possível sacralizar dessa forma o livro prova a importância que o fato de escrever e ler adquiriu e conservou na história sucessiva das civilizações. De onde viria, sem isso, o poder dos letrados na China? O dos escribas na civilização egípcia? O privilégio de saber ler e escrever era reservado a um grupinho de indivíduos que dele extraíam uma autoridade extraordinária. Imagine que sejamos, você e eu, as duas únicas pessoas que sabem ler e escrever na região. Poderíamos nos prevalecer de conversas misteriosas, de revelações temíveis e de uma correspondência entre nós cujo teor ninguém poderia contestar.

JPT: *A respeito dessa veneração aos livros, Fernando Bez cita, em sua* História da destruição dos livros, *João Crisóstomo evocando algumas pessoas, no século IV, que carregavam em volta do pescoço velhos manuscritos para se protegerem do poder do mal.*

JCC: O livro pode ser um talismã, mas também um objeto de feitiçaria. Os monges espanhóis que queimaram os códices no México defendiam-se dizendo que eram maléficos. O que é absolutamente contraditório. Se eles próprios chegavam com a força do verdadeiro deus, como os falsos deuses ainda poderiam exercer qualquer poder? Dizem a mesma coisa dos livros tibetanos, às vezes acusados de conter ensinamentos esotéricos de arrepiar.

UE: Você conhece o estudo de Raimondo di Sangro, príncipe de Sansevero, a respeito dos quipos?

JCC: Refere-se àquelas cordas cheias de nós utilizadas pela administração inca para compensar a falta de escrita?

UE: Exatamente. Madame de Graffigny escreve as *Cartas de uma peruana*, romance que faz um imenso sucesso no século XVIII. Raimondo di Sangro, príncipe napolitano alquimista, dedica-se então a um estudo do livro de Madame de Graffigny e apresenta esse estudo maravilhoso sobre os quipos, com desenhos em cores.

Esse príncipe de Sansevero é um personagem extraordinário. Provavelmente franco-maçom, ocultista, é conhecido por ter mandado realizar em sua capela, em Nápoles, esculturas de corpos humanos esfolados com o sistema venoso exposto, de uma tal realidade que sempre se imaginou que ele trabalhara a partir de corpos humanos vivos, talvez escravos nos quais inoculara determinadas substâncias para petrificá-los daquela maneira. Se você for a Nápoles, tem que conhecer a cripta da Capela Sansevero para admirá-los. Esses corpos são espécies de Vesalius de pedra.

JCC: Pode ter certeza de que não deixarei de ir. A respeito dessas escritas nodosas que suscitaram comentários perplexos, penso naquelas figuras de grande escala descobertas no Peru e acerca das quais espíritos intrépidos contaram que tinham sido desenhadas para transmitir mensagens a forasteiros. Conto-lhe uma novela de Tristan Bernard a esse respeito. Um dia os terráqueos descobrem que sinais lhes são dirigidos a partir de um planeta longínquo. Decidem então traçar grandes letras com várias dezenas de quilômetros de extensão, no deserto do Saara, para formar a mensagem mais curta possível. E escolhem: "Como assim?" Escrevem um imenso "Como assim?" na areia, o que lhes exige anos de trabalho. E ficam perplexos quando recebem, um tempo depois, esta resposta: "Obrigado, mas não é para vocês que nossa mensagem se dirige."

Esse pequeno desvio para lhe perguntar, Umberto: o que é um livro? Será que todo objeto comportando símbolos legíveis é um livro? Os *volumina* romanos são livros?

UE: Sim, nós os consideramos parte da história do livro.

JCC: A tentação é dizer: um livro é um objeto que se lê. Isso é inexato. Um jornal se lê e não é um livro, tampouco uma carta, uma estela funerária, uma faixa numa manifestação, uma etiqueta ou minha tela de computador.

UE: Parece-me que uma maneira de caracterizar o que é o livro é considerar a diferença que existe entre uma língua e um dialeto. Nenhum linguista sabe essa diferença. Entretanto, poderíamos ilustrá-la dizendo que um dialeto é uma língua sem exército e sem esquadra. É a razão pela qual consideramos o veneziano uma língua, por exemplo, porque o veneziano era utilizado nos documentos diplomáticos e comerciais. O que nunca foi o caso, em contrapartida, do dialeto piemontês.

JCC: Que então permanece um dialeto.

243

UE: Exatamente. Logo, se você possui uma pequena estela comportando apenas um sinal, digamos um nome divino, não se trata de um livro. Mas se você tem um obelisco no qual vários sinais contam a história do Egito, você detém alguma coisa análoga a um livro. É a mesma diferença que existe entre o texto e a frase. A frase para onde há um ponto, ao passo que o texto vai além do horizonte do primeiro ponto que pontua a primeira frase que constitui esse texto. "Voltei para casa." A frase é fechada. "Voltei para casa. Encontrei minha mãe." Você já está na textualidade.

JCC: Eu gostaria de citar um trecho da *Filosofia do livro*, um ensaio de Paul Claudel publicado em 1925 e inspirado numa conferência pronunciada em Florença. Claudel é um autor que não aprecio muito mas que teve lampejos espantosos. Ele começa com uma declaração transcendental: "Sabemos que o mundo é efetivamente um texto e que ele nos fala, humilde e alegremente, de sua própria ausência, mas também da presença eterna de um outro, a saber, seu criador."

É o cristão que fala, evidentemente. Diz um pouco adiante: "Tive a ideia de estudar a fisiologia do livro, a palavra, a página e o livro. A palavra não passa de uma porção irrequieta da frase, uma viela rumo ao sentido, uma vertigem da ideia que passa. A palavra chinesa, ao contrário, permanece estática diante do olho... A escrita tem isso de misterioso: ela fala. O latim antigo e moderno sempre foi feito para ser escrito sobre a pedra. Os primeiros livros apresentam uma beleza arquitetônica. Depois o movimento do espírito se acelera, o fluxo da matéria pensamento se adensa, as linhas se espremem, a caligrafia se arredonda e diminui. Logo esse rendado úmido e fremente sobre a página deixa a ponta exígua da pena, a tipografia vem capturá-la e gravá-la... Eis a escrita humana de certa forma estilizada, simplificada como um realejo... O verso é uma linha que para não porque chegou a uma fronteira material e falta-lhe espaço, mas porque seu número interior se perfez e sua virtude está consumada... Cada página se apresenta a nós como os sucessivos terraços de um grande jardim. O olho goza deliciosamente com um ataque de certa forma lateral de um adjetivo que se descarrega subitamente no neutro com a violência de uma nota grená ou de fogo... Uma grande biblioteca me lembra sempre as estratificações de uma mina de carvão, cheia de fósseis, marcas e conjunturas. É o herbanário dos sentimentos e paixões, é a redoma onde conservamos as amostras ressecadas de todas as sociedades humanas."

UE: Aí você vê claramente o que distingue poesia e retórica. A poesia o faria redescobrir a escrita, o livro, a biblioteca de uma maneira absolutamente nova. Ao passo que Claudel diz exatamente o que sabemos! Que o verso não termina porque a página acabou, mas porque obedece a uma regra interna etc. É portanto retórica sublime. Mas ele não acrescenta uma única ideia nova.

JCC: Enquanto Claudel vê em sua biblioteca as "estratificações de uma mina de carvão", um de meus amigos compara seus livros a uma pele que agasalha. Ele se sente aquecido, como que abrigado pelos livros. Protegido contra o erro, contra a incerteza e também contra a friagem. Estar cercado por todas as ideias do mundo, por todos os sentimentos, todo o conhecimento e todos os comportamentos possíveis, proporciona-lhe uma sensação de segurança e conforto. Você nunca sentirá frio no seio de sua biblioteca. Ei-lo protegido, em todo caso, contra os perigos gelados da ignorância.

UE: A atmosfera que reinará na biblioteca também contribuirá para criar essa sensação de proteção. A estrutura será de preferência antiga. Em outras palavras, de madeira. Os lustres serão iguaizinhos aos que encontramos na Biblioteca Nacional, verdes. A associação do marrom e do verde ajuda a criar essa atmosfera peculiar. A biblioteca de Toronto, absolutamente moderna (e, em seu gênero, bem-sucedida), não proporciona essa sensação de proteção da mesma forma que a Sterling Memorial Library de Yale, sala em estilo falso gótico, com seus diversos níveis mobiliados século XIX. Lembro-me de ter tido a ideia do assassinato na biblioteca do *Nome da rosa* trabalhando precisamente na Sterling Library de Yale. Trabalhando à noite no mezanino, eu tinha a impressão de estar sujeito a tudo. Não existia elevador para chegar até lá, de tal maneira que, uma vez instalado à sua mesa de trabalho, a impressão era de que ninguém mais podia vir em sua ajuda. Poderiam descobrir seu cadáver enfiado sob uma estante dias depois do crime. Existe esse senso da preservação que é também o que cerca os memoriais e os túmulos.

JCC: O que sempre me fascinou, nessas grandes bibliotecas públicas, é o halo de luz verde desenhando um círculo claro em cujo centro se acha um livro. Você está com seu livro e cercado por todos os livros do mundo. Você tem ao mesmo tempo o detalhe e o conjunto. É justamente o que me faz evitar essas bibliotecas modernas, frias, anônimas, onde não vemos mais os livros. Esquecemos totalmente que uma biblioteca pode ser bonita.

UE: Quando estava trabalhando na minha tese, eu passava grande parte de meu tempo na biblioteca Sainte-Geneviève. Nesse tipo de biblioteca, era fácil concentrar-se nos livros, pelos quais éramos literalmente cercados, a fim de fazer anotações. Quando começamos a ver a chegada das fotocopiadoras Rank Xerox, foi o início do fim. Você podia reproduzir o livro e levá-lo consigo. Você enchia sua casa de fotocópias. E o fato de você possuí-las fazia com que não as lesse.

Estamos na mesma situação com a Internet: ou você imprime, e se vê mais uma vez abarrotado de documentos que não lerá; ou você lê seu texto na tela, mas, quando clica para ir adiante em sua pesquisa, esquece o que acabou de ler, o que lhe permitiu chegar à página agora exibida em sua tela.

JCC: Um aspecto que não abordamos: por que decidimos colocar este livro ao lado daquele? Por que procedemos a esse tipo de arrumação em vez de a uma outra? Por que, repentinamente, alterar a ordem da minha biblioteca? Será simplesmente a fim de que certos livros cotejem outros livros? Para renovar os contatos? As vizinhanças? Suponho uma conversa entre eles, almejo-a, estimulo-a. Os que estão embaixo, subo-os para lhes restituir um pouco de dignidade, para colocá-los na altura do meu olho e fazê-los saber que não os colocara lá embaixo de propósito, porque eles eram inferiores, e por conseguinte desprezíveis.

Já falamos disso. Claro, devemos filtrar, ajudar, em todo caso, a filtragem, que se fará de toda maneira, e tentar salvar aquilo que, a nosso ver, não deve ser perdido no caminho. O que possa agradar aos que virão nos suceder, o que possa ajudá-los também, ou diverti-los à nossa custa. Devemos igualmente dar sentido, quando pudermos, não sem prudência. Mas atravessamos uma época complexa, incerta, em que o primeiro dever de todos, sem dúvida, na medida do possível, é estimular as trocas entre os saberes, as experiências, os pontos de vista, as esperanças, os projetos. E os relacionar. Talvez seja esta a primeira tarefa dos que virão depois de nós. Lévi-Strauss dizia, acerca das culturas, que elas só vivem em contato com outras. Uma cultura solitária não mereceria esse nome.

UE: Um dia, minha secretária houve por bem fazer um catálogo dos meus livros para determinar sua localização. Dissuadi-a. Quando estiver escrevendo meu livro sobre *A língua perfeita*, vou reconsiderar essa biblioteca em função desse novo critério, vou rearrumá-la. Quais são os livros mais suscetíveis de alimentar minha reflexão sobre o assunto? Quando eu tiver terminado, alguns voltarão à prateleira de linguística, outros à prateleira de estética, mas outros já se verão comprometidos em outra pesquisa.

JCC: Convém dizer que nada é mais difícil do que arrumar uma biblioteca. É como começar a colocar um pouco de ordem no mundo. Quem se atreveria a isso? Como arrumar? Tematicamente? Ora, mas você tem livros de formatos muito diferentes e precisaria refazer suas estantes. Então por formato? Por época? Por autor? Você tem autores que escreveram sobre tudo. Se optar por uma arrumação temática, um autor como Kircher estará em todas as prateleiras.

UE: Leibniz viu-se diante do mesmo problema. E, para ele, era o problema da organização de um saber. O mesmo problema com que se defrontaram D'Alembert e Diderot a respeito da *Enciclopédia*.

JCC: Os problemas só começaram a surgir numa data recente. Uma grande biblioteca privada, no século XVII, continha no máximo 3 mil volumes.

UE: Pura e simplesmente, vamos repetir, porque os livros custavam infinitamente mais caro que hoje. Um manuscrito custava uma fortuna. De tal maneira que às vezes era preferível copiá-lo à mão em vez de comprá-lo. Agora eu gostaria de lhes contar uma história engraçada. Visitei a biblioteca de Coimbra, em Portugal. As mesas eram forradas com uma espécie de feltro, parecido com mesas de sinuca. Pergunto as razões dessa proteção. Respondem-me que é para proteger os livros das fezes dos morcegos. Por que não eliminá-los? Ora, porque eles comem os vermes que atacam os livros. Ao mesmo tempo, o verme não deve ser radicalmente proscrito e condenado. É a passagem do verme pelo interior do incunábulo que nos permite saber de que maneira os cadernos foram encadernados, se não há partes mais recentes que outras. As trajetórias dos vermes às vezes desenham estranhas figuras, que conferem certa peculiaridade a livros antigos. Nos manuais destinados a bibliófilos, encontramos todas as instruções necessárias para nos proteger dos vermes. Um desses conselhos é usar o Zykon B, exatamente a substância utilizada pelos nazistas nas câmaras de gás. Claro, é melhor usá-lo para matar insetos do que homens, mas isso causa de toda forma uma certa impressão.

Outro método, menos bárbaro, consiste em colocar um despertador em sua biblioteca, um dos que nossas avós tinham. Parece que seu tique-taque regular e as vibrações que ele transmite à madeira dissuadem os vermes de saírem de seus esconderijos.

JCC: Um despertador que faz dormir, em outras palavras.

JPT: *O contexto dessas religiões do Livro cria naturalmente um forte estímulo à leitura. Nem por isso deixa de ser verdade que a grande maioria dos habitantes do planeta vive distante das livrarias e bibliotecas. Para estes, o livro é letra morta.*

UE: Uma pesquisa realizada em Londres mostrou que um quarto das pessoas interrogadas acreditava que Winston Churchill e Charles Dickens eram personagens imaginários, ao passo que Robin Hood e Sherlock Holmes tinham existido.

JCC: A ignorância nos cerca de todos os lados, frequentemente arrogante e reivindicatória. Faz inclusive proselitismo. É segura de si, proclama sua dominação pela boca estreita de nossos políticos. E o saber, frágil e cambiante, sempre ameaçado, duvidando de si mesmo, talvez seja um dos últimos refúgios da utopia. Acredita que seja realmente importante saber?

UE: Acho fundamental.

JCC: Que o maior número possível de pessoas saiba o maior número possível de coisas?

UE: Que o maior número possível de nossos semelhantes conheça o passado. Sim. É o fundamento de toda civilização. O velho que, à noite, sob o carvalho, conta as histórias da tribo, é ele que estabelece o laço da tribo com o passado e transmite a experiência dos anos. Nossa humanidade é sem dúvida tentada a pensar, como fazem os americanos, que o que aconteceu há trezentos anos não conta mais, não tem mais nenhuma importância para nós. George W. Bush, que não tinha lido os livros sobre as guerras inglesas no Afeganistão, não pôde assim tirar o menor ensinamento da experiência dos ingleses e enviou seu exército para a linha de fogo. Se Hitler tivesse estudado a campanha da Rússia de Napoleão, não teria feito a burrice de investir nela. Teria sabido que o verão nunca é suficientemente longo para se chegar a Moscou antes do inverno.

JCC: Falamos dos que procuram proibir os livros e dos que não os leem por simples preguiça ou ignorância. Mas há também a teoria da "douta ignorância" de Nicolau de Cusa. "Acharás mais coisas numa folha de árvore do que nos livros", escreve são Bernardo ao abade de Vauclair, Henri Murdach. "As árvores e as pedras irão ensinar-te o que não podes aprender de nenhum mestre." Justamente em virtude de ser um texto articulado e impresso, o livro não pode nos ensinar nada, e é inclusive muitas vezes suspeito, pois nos dá a partilhar as impressões de um único indivíduo. É na contemplação da natureza que se acha o verdadeiro saber. Não sei se você conhece o belo texto de José Bergamín, *A decadência do analfabetismo*. Ele coloca a seguinte questão: o que perdemos ao aprender a ler? Que formas de conhecimento possuíam os homens da pré-história, ou os povos sem escrita, que teríamos perdido irremediavelmente? Questão sem resposta, como todas as questões agudas.

UE: Parece-me que todos podem responder por si mesmos. Os grandes místicos variaram diante dessa questão. Por exemplo, Thomas a Kempis, na *Imitação de Jesus Cristo*, diz que nunca encontrou paz em sua vida a não ser isolando-se com um livro. E, ao contrário, Jacob Böhme conhece sua grande experiência iluminadora quando um raio de luz incide sobre o urinol de estanho à sua frente. Ele está se lixando, nesse momento, para ter ou não livros a seu alcance, pois tem a revelação de toda a sua obra vindoura. Mas nós, que somos gente do livro, não teríamos nada a usufruir de um bidê atingido por um raio de sol.

JCC: Volto às nossas bibliotecas. Você já deve ter passado por experiência similar. Com muita frequência me acontece de ir até uma sala onde tenho livros e simplesmente olhá-los, sem tocar em nenhum. Recebo alguma coisa que eu não saberia dizer. Isso é intrigante e ao mesmo tempo inquietante. Quando eu dirigia a Fémis, sabendo que Jean-Luc Godard procurava um lugar para trabalhar em Paris, nós o autorizamos a ocupar uma sala, com a única obrigação de chamar alguns estudantes na hora em que montasse seus filmes. Ele então fez um filme e, encerradas as filmagens, instalou nas estantes todas as latas de diferentes cores que continham as diferentes sequências. Ficou dias a fio observando aquelas bobinas sem abri-las antes de começar sua montagem. Não era um teatro. Ele estava sozinho. Olhava para as latas. Eu passava para vê-lo de vez em quando. Ele estava lá, tentando se lembrar talvez, ou buscando uma ordem, uma inspiração.

UE: Não é uma experiência que só possa ser feita por aqueles que acumularam muitos livros em casa, ou bobinas, como no seu exemplo. Podemos viver a mesma experiência numa biblioteca pública e, vez por outra, numa grande livraria. Quantos de nós já não se alimentaram do simples perfume de livros que víamos em prateleiras mas que não eram os nossos? Contemplar esses livros para deles extrair saber. Ora, uma razão para ser otimista é que cada vez mais pessoas têm acesso hoje à visão de uma grande quantidade de livros. Quando eu ainda era criança, uma livraria era um lugar muito escuro, pouco acolhedor. Você entrava, um homem vestido de preto perguntava-lhe o que você desejava. Era tão assustador que você não cogitava demorar-se. Ora, nunca houve na história das civilizações tantas livrarias quanto hoje, belas, iluminadas, onde você pode passear, folhear, fazer descobertas em três ou quatro andares, as Fnac na França, as livrarias Feltrinelli na Itália, por exemplo. E, quando vou a um desses lugares, descubro que estão cheios de jovens. Repito que não é necessário que eles comprem e nem sequer que leiam. Basta folhear, dar uma olhada na quarta capa. Também aprendemos um monte de coisas lendo simples resenhas. É possível objetar que em seis bilhões de seres humanos a porcentagem dos leitores continua muito baixa. Mas, quando eu era garoto, éramos apenas dois bilhões no planeta e as livrarias viviam desertas. A porcentagem parece mais favorável em nossos dias.

JPT: *Entretanto, vocês já disseram que essa abundância de informação, na Internet, podia acabar por produzir seis bilhões de enciclopédias, e tornar-se completamente contraprodutiva, paralisante...*

UE: Há uma diferença entre a vertigem "equilibrada" de uma bela livraria e a vertigem infinita da Internet...

JPT: *Evocamos as religiões do Livro, que o sacralizam. O Livro-referência supremo que vai servir então para desqualificar e proscrever todos os livros que se afastem dos valores que o Livro veicula. Parece-me que essa discussão nos convida a dizer uma palavrinha sobre o que chamamos "o Inferno" de nossas bibliotecas, local onde estão reunidos os livros que, embora não tenham sido queimados, ficam separados a fim de proteger seus eventuais leitores.*

JCC: Há várias maneiras de abordar o assunto. Descobri, por exemplo, não sem espanto, que em toda a literatura espanhola, não existia um único texto erótico até a segunda metade do século XX. É uma espécie de "Inferno", mas oco.

UE: Mas ainda assim eles têm a mais terrível blasfêmia do mundo, que não ouso pronunciar aqui.

JCC: Sim, mas nem um único texto erótico. Um amigo espanhol me dizia que quando era criança, nos anos 1960, 1970, um colega lhe apontou que o *Quixote* falava das *tetas* de uma mulher. Naqueles anos, um adolescente espanhol ainda era capaz de se espantar ao descobrir a palavra *tetas* em Cervantes, e até mesmo se excitar. Afora isso, não se conhece nada. Nem mesmo canções libertinas. Todos os grandes autores franceses escreveram um ou vários textos pornográficos, de Rabelais a Apollinaire. Não os autores espanhóis. A Inquisição realmente conseguiu expurgar o vocabulário na Espanha, sufocar as palavras, quando não a coisa. Até *A arte de amar* de Ovídio foi proibido um tempo. Isso é ainda mais estranho na medida em que alguns dos autores latinos que se embrenharam nesse tipo de literatura eram de origem espanhola. Penso, por exemplo, em Marcial, que era de Calatayud.

UE: Existiram civilizações mais tolerantes a respeito das coisas do sexo. Você vê os afrescos de Pompeia ou esculturas na Índia que sugerem isso. Fomos bastante tolerantes no Renascimento, mas, com a Contrarreforma, começamos a vestir os corpos nus de Michelangelo. Mais curiosa é a situação da Idade Média. Uma arte oficial bastante recatada e devota, mas, em compensação, uma avalanche de obscenidades no folclore e na poesia dos satíricos...

JCC: Dizem que a Índia inventou o erotismo, nem que seja porque possui, com o *Kama-Sutra*, o mais antigo manual de sexualidade conhecido. Nele, todas as posições possíveis, todas as formas de sexualidade são efetivamente representadas, como nas fachadas dos templos de Kajuraho. Porém, depois desses períodos aparentemente voluptuosos, a Índia não cessou de evoluir para um puritanismo cada vez mais estrito. No cinema indiano contemporâneo, não tem nem beijo na boca. Provavelmente sob a influência do islã de um lado e do vitorianismo inglês do outro. Mas não estou convencido de que não haja também um puritanismo caracteristicamente indiano. Agora, se falarmos do que acontecia bem recentemente conosco, falo dos anos 1950 quando eu era estudante, lembro-me de que tínhamos que ir para o subsolo de uma livraria situada no bulevar de Clichy, na esquina da rua Germain-Pilon, para encontrar livros eróticos. Há apenas cinquenta anos. Não temos do que nos gabar!

UE: Eis então exatamente o princípio do "Inferno" da Biblioteca Nacional em Paris. Não se trata de proibir os livros, mas de não colocá-los à disposição de todos.

JCC: São obras de caráter essencialmente pornográfico, as que atentam contra os bons costumes, que formarão o "Inferno" da Biblioteca Nacional, criada no dia seguinte à Revolução a partir dos acervos confiscados nos mosteiros, castelos, de alguns particulares e, inclusive, a partir da biblioteca real. O "Inferno", por sua vez, alcançará a Restauração, época em que voltam a triunfar todos os conservadorismos. Agrada-me a ideia segundo a qual, para visitar o Inferno dos livros, é preciso uma autorização especial. Julga-se fácil ir ao inferno. Em absoluto. O Inferno depende de uma chave. Não entra lá quem quer. A Biblioteca François Mitterrand, por sinal, organizou uma exposição sobre esses livros saídos do Inferno, e foi um sucesso.

JPT: *Vocês visitaram esse Inferno?*

UE: Para quê, se todos os livros que ele contém estão agora publicados?

JCC: Não o visitei senão parcialmente, e provavelmente ele contém obras que você e eu não lemos, mas em edições cobiçadíssimas pelos bibliófilos. E não é apenas um acervo de livros franceses. A literatura árabe também é extremamente rica no tema. Existem equivalentes do *Kama-Sutra* em árabe e também em persa. Entretanto, pela imagem da Índia que evocávamos, o mundo árabe-muçulmano parece ter esquecido suas origens flamejantes em prol de um puritanismo inesperado que não corresponde de forma alguma à tradição desses povos.

Voltemos ao nosso século XVIII francês: é indiscutivelmente o século em que a literatura erótica ilustrada — nascida, acho, na Itália dois séculos antes — aparece e se difunde, ainda que editada de maneira clandestina. Sade, Mirabeau, Restif de La Bretonne são vendidos na calada da noite. São autores que têm como propósito escrever livros pornográficos contando mais ou menos, com variantes, a história de uma moça que chega da província e se vê entregue a todas as depravações da capital. Na verdade, trata-se, sob um disfarce, de uma literatura pré-revolucionária. Naquela época, o erotismo em literatura perturba efetivamente os bons costumes e os bons pensamentos. É um ataque direto ao decoro. Por trás das cenas de orgia, era como se reverberasse o som do canhão. Mirabeau é um desses autores eróticos. O sexo é um terremoto social. Evidentemente, esse laço entre erotismo, pornografia e uma situação pré-revolucionária não existirá mais da mesma maneira após o período revolucionário propriamente dito. Não convém esquecer que, sob o Terror, os verdadeiros amantes desses exercícios, por sua conta e risco, alugavam uma carroça, iam para a Place de la Concorde assistir a uma execução capital e eventualmente se aproveitavam disso para fazerem, no coche e na própria praça, um programinha.

Sade, monumento inigualável no assunto, foi um revolucionário. Foi para a cadeia por essa razão, e não por seus textos. Devemos insistir e afirmar que aqueles livros realmente queimavam as mãos e os olhos. A leitura daquelas linhas quentes constituía, assim como a escrita, um gesto subversivo.

Após a Revolução, essa dimensão subversiva subsiste nessas publicações, mas na esfera social, e não mais na esfera política. O que não as impede, naturalmente, de serem proibidas. Razão pela qual alguns autores de livros pornográficos sempre negaram tê-los escrito, e isto até os nossos dias. Aragon sempre negou ser o autor do *Con d'Irène* [A boceta de Irene]. Mas uma coisa é certa: eles não escreveram isso para ganhar dinheiro. A proibição que golpeia essas obras condenadas ao Inferno faz com que elas vendam muito poucos exemplares. É mais uma vontade de escrever do que um desejo de ganhar dinheiro. Quando Musset escreve *Gamiani* com George Sand, sem dúvida é por necessidade de escapar ao seu água com açúcar habitual. Então, ele vai fundo. São "três noites de excesso".

Abordei várias vezes essas questões com Milan Kundera. Ele acha que o cristianismo conseguiu, pela confissão, por uma persuasão profunda, penetrar até no leito dos amantes e coibi-los em seus jogos eróticos, até mesmo infundindo-lhes culpa, um sentimento de pecado, talvez delicioso quando eles se entregam a uma sodomia, por exemplo, mas que em seguida é preciso confessar, expiar. Um pecado, em suma, da Igreja. Ao passo que o comunismo nunca chegou a tanto. O marxismo-leninismo, por mais complexo, por mais poderosamente organizado que fosse, parava no umbral da alcova. Um casal, de preferência ilegítimo, que, em Praga, sob a ditadura comunista, faz amor, também tem consciência de realizar um ato subversivo. A liberdade lhes faz falta em toda parte em todos os atos de sua vida, exceto na cama.

O que fazer de sua
biblioteca depois da sua morte?

JPT: *Você nos contou, Jean-Claude, ter sido obrigado a vender parte de sua biblioteca e não ter sofrido muito com isso. Eu queria lhes perguntar agora sobre o destino dessas coleções que vocês formaram. Sendo criadores de uma coleção dessas, de uma obra bibliofílica, devemos necessariamente considerar seu destino, uma vez que não estaremos mais em condições de cuidar dela. Eu gostaria então, se me permitirem, de abordar o destino de suas bibliotecas depois que vocês morrerem.*

JCC: Minha coleção foi de fato amputada e, estranhamente, não me consternou em nada vender todo um lote de livros artísticos. Mas conheci nessa oportunidade uma alegre surpresa. Eu havia entregue a Gérard Oberlé parte do meu acervo surrealista, que na época continha belíssimas coisas, manuscritos, livros com dedicatória. Oberlé encarregou-se de escoá-los pouco a pouco.

O dia em que finalmente paguei minhas dívidas, telefonei para ele para saber em que pé estava aquela venda.

Ele me informou que ainda restava uma boa quantidade de livros que não haviam encontrado comprador. Pedi-lhe para me devolvê-los. Quatro anos haviam se passado. O esquecimento começara seu trabalho. Reencontrei livros que possuía com todo o deslumbre da descoberta. Como grandes garrafas intactas que eu julgava ter bebido.

O que será dos meus livros depois que eu morrer? Minha mulher e minhas duas filhas decidirão. Simplesmente, por testamento, deixarei provavelmente este ou aquele livro para este ou aquele amigo. Como presente *post mortem*, como um sinal, como um bastão de revezamento. Para ter certeza de que ele não me esquecerá completamente. Estou pensando no que eu gostaria de legar para você. Ah, se eu tivesse o Kircher que lhe falta... mas não o tenho.

UE: No que se refere à minha coleção, eu evidentemente não gostaria que fosse dispersada. A família poderá doá-la a uma biblioteca pública ou então vendê-la por intermédio de um leilão. Ela será então vendida completa, a uma universidade. É tudo que me interessa.

JCC: Mas você tem uma verdadeira coleção. É uma obra de fôlego que você construiu e que não quer que seja desmembrada. Isso é normal. Ela fala de você talvez tanto quanto seus próprios livros. Eu diria a mesma coisa no que me concerne: o ecletismo que presidiu a formação da minha biblioteca fala de mim da mesma forma. Não pararam de me repetir ao longo de toda a minha vida que eu era disperso. Minha biblioteca, portanto, é à minha imagem.

UE: Não sei se a minha é a minha imagem. Repito, coleciono obras nas quais não acredito, logo trata-se de uma imagem de mim às avessas. Ou talvez seja uma imagem minha enquanto espírito contraditório. Minha incerteza deve-se ao fato de que mostro minha coleção a pouquíssimas pessoas. Uma coleção de livros é um fenômeno masturbatório, solitário, e você raramente encontra pessoas com quem dividir sua paixão. Se você possui belíssimos quadros, as pessoas irão à sua casa admirá-los. Mas você nunca encontrará ninguém que se interesse realmente por sua coleção de velhos livros. Eles não compreendem por que você dá tamanha importância a um livrinho sem nenhum atrativo, e por que ele lhe custou anos de buscas.

JCC: Para justificar nossa culpada inclinação, eu diria que você pode ter com o livro original quase uma relação de pessoa para pessoa. Uma biblioteca é um pouco uma companhia, um grupo de amigos vivos, de indivíduos. O dia em que você se sentir um pouco isolado, um pouco deprimido, você pode se dirigir a eles. Eles estão ali. Aliás, às vezes faço buscas e descubro coisas escondidas cuja presença eu esquecera.

UE: Repito, é um vício solitário. Por razões misteriosas, a afeição que podemos ter por um livro não está de forma alguma relacionada ao seu valor. Tenho livros aos quais sou muito afeiçoado e que não têm grande valor comercial.

JPT: *O que representam suas coleções de um ponto de vista bibliofílico?*

UE: Acho que geralmente se faz uma confusão entre biblioteca pessoal e coleção de livros antigos. Tenho, entre minha casa principal e minhas casas secundárias, 50 mil livros. Mas trata-se de livros modernos. Meus livros raros representam 1.200 títulos. Mas há outra diferença. Os livros antigos são os que escolhi (e paguei), os livros modernos são livros que comprei ao longo dos anos, mas também, e cada vez mais, livros que recebo de brinde. Ora, embora eu dê um monte deles aos meus alunos, fico sempre com uma boa quantidade, e, pronto, aí estou eu com 50 mil.

JCC: Deixando de lado minha coleção de contos e lendas, talvez eu tenha 2 mil obras antigas para um total de 30 ou 40 mil. Mas às vezes alguns desses livros são um fardo. Você não pode mais se separar do livro que um amigo lhe dedicou, por exemplo. Esse amigo pode ir à sua casa. Então ele precisa avistar seu livro, e num bom lugar.

Há também pessoas que recortam o nome do homenageado com a dedicatória para poder vender seu exemplar nos sebos. É praticamente tão medonho quanto recortar incunábulos para vendê-los página por página. Imagino que você também receba os livros de todos os amigos que Umberto Eco deve ter no mundo!

UE: Eu tinha feito um cálculo a esse respeito, mas ficou um pouco datado. Eu teria que atualizá-lo. Considerei o preço do metro quadrado em Milão para um apartamento que não ficava nem no centro histórico (caro demais) nem na periferia proletária. Eu tinha que me curvar então à ideia de que, por uma residência com certa dignidade burguesa, eu devia pagar 6 mil euros, ou seja, por uma superfície de 50 metros quadrados, 300 mil euros. Se agora eu deduzisse a instalação das portas, janelas e outros elementos que viriam necessariamente comer o espaço digamos "vertical" do apartamento, em outras palavras, as paredes suscetíveis de acolher prateleiras de livros, eu só podia contar realmente com 25 metros quadrados. Logo, um metro quadrado vertical me custava 12 mil euros.

Calculando o preço mais baixo para uma biblioteca de seis estantes, a mais econômica, eu chegava a 500 euros por metro quadrado. Num metro quadrado com seis prateleiras, eu podia provavelmente guardar trezentos livros. Logo, o lugar de cada livro significava 40 euros. Logo, mais caro que seu preço. Por conseguinte, em cada livro que me era dirigido, o remetente devia enfiar um cheque de um montante equivalente. Para um livro de arte, de formato maior, era preciso calcular um pouco mais.

JCC: Mesma coisa com as traduções. O que você faz com os seus cinco exemplares em birmanês? Você rumina que, se um dia encontrar um birmanês, dará de presente. Mas terá que encontrar cinco!

UE: Tenho um porão abarrotado com minhas traduções. Tentei despachá-las para os presídios, apostando no fato de que, nos presídios italianos, havia menos alemães, franceses e americanos do que albaneses e croatas. Portanto, enviei as traduções dos meus livros nessas línguas.

JCC: Em quantas línguas *O nome da rosa* foi traduzido?

UE: Quarenta e cinco. Número que leva em conta a queda do Muro de Berlim e o fato de que antes o russo valia como língua obrigatória para todas as repúblicas soviéticas, tendo sido preciso, depois da queda, traduzir o livro em ucraniano, azerbaijanês etc. Daí esse número extravagante. Se você calcular entre cinco e dez exemplares para cada tradução, já tem entre duzentos e quatrocentos volumes vindo estacionar em seu porão.

JCC: Posso fazer uma confidência aqui: às vezes jogo fora, escondendo-me de mim mesmo.

UE: Uma vez, para agradar ao presidente, aceitei entrar no júri do prêmio Viareggio. Eu estava ali apenas para a rubrica Ensaios. Descobri que todos os membros do júri recebiam todos os livros em competição, todas as categorias misturadas. Para falar apenas de poesia, e, como eu, você sabe que o mundo está cheio de poetas que editam por conta própria versos sublimes, chegavam-me caixas das quais eu não sabia o que fazer. Ao que se somavam todas as outras categorias em competição. Imaginei que precisava guardar aqueles livros como documentos. Mas logo me vi, em casa, diante de um problema de lugar e, felizmente, terminei desistindo de minhas atribuições no seio do júri do prêmio Viareggio. A hemorragia então estancou. Os poetas são de longe os mais perigosos.

JCC: Você deve conhecer essa piada que vem da Argentina, país onde vivem, como você sabe, incontáveis poetas. Um deles esbarra com um velho amigo e lhe diz, enfiando a mão no bolso: "Ah! Você vem bem a calhar, acabo justamente de escrever um poema que preciso ler para você." O outro então põe igualmente a mão no bolso e diz: "Cuidado, tenho um também!"

UE: Pois eu achava que havia mais psicanalistas do que poetas na Argentina...

JCC: Parece que sim. Mas pode-se ser os dois ao mesmo tempo.

UE: Certamente minha coleção de livros antigos não pode ser comparada à formada pelo bibliófilo holandês Ritman, a BPH, Bibliotheca Philosophica Hermetica. Nesses últimos anos, como já tinha sobre esses temas praticamente tudo que convinha ter, começou a colecionar também os incunábulos preciosos, mesmo quando não se referiam ao hermetismo. Os livros modernos que eles possuem ocupam toda a parte superior de um grande casarão, enquanto os livros antigos estão num subsolo admiravelmente adaptado.

JCC: O colecionador brasileiro José Mindlin, que formou um conjunto único em torno do que é conhecido como Americana, mandou construir uma casa inteira para os seus livros. Criou uma fundação, de maneira a que o governo brasileiro mantenha sua biblioteca após sua morte. Bem mais modestamente, tenho duas pequenas coleções às quais gostaria de dar um destino especial. Uma delas é única no mundo, acho. É ela que reúne contos e lendas, relatos fundadores de todos os países. Não é uma coleção de livros preciosos no sentido bibliofílico do termo. Esses relatos são anônimos, as edições são em geral banais e os exemplares às vezes cansativos. Eu gostaria de legar esse conjunto de 3 ou 4 mil volumes a um museu de artes populares ou a uma biblioteca especializada. Ainda não encontrei.

A segunda coleção para a qual gostaria de reservar um destino especial (mas não sei qual) é a que formei com a minha mulher. Ela diz respeito, já mencionei aqui, à "viagem à Pérsia", desde o século XVI. Talvez nossa filha se interesse por ela um dia.

UE: Meus filhos não parecem interessados. Meu filho gosta da ideia de que possuo a primeira edição do *Ulisses* de Joyce e minha filha consulta frequentemente meu herbanário de Matiolli do século XVI, mas só isso. Aliás, só me tornei um verdadeiro bibliófilo a partir dos 50 anos.

JPT: *Vocês têm medo dos ladrões?*

JCC: Um dia me roubaram um livro, e não qualquer um, o original da *Filosofia na alcova*, de Sade. Julgo saber quem era o ladrão. Foi durante uma mudança. Nunca mais o recuperei.

UE: Foi alguém do metiê que passou por lá. Os mais perigosos são os ladrões bibliófilos, os que roubam um único livro. Os livreiros terminam por identificar esses fregueses cleptomaníacos e os apontam para seus pares. Os ladrões normais não são perigosos para o colecionador. Imaginemos que ladrões vulgares aventurem-se a roubar minha coleção. Vão precisar de duas noites para encaixotar todos os livros, além de um caminhão para transportá-los.

Depois (se o lote completo não foi comprado por Arsène Lupin, que o terá dissimulado na Agulha Oca), os buquinistas darão uma miséria por eles, e apenas os comerciantes sem escrúpulos, porque estaria evidente tratar-se de mercadorias roubadas. Aliás, um bom colecionador faz, para cada livro raro, uma ficha ou inclusive descreve os defeitos e qualquer outro sinal de identificação, havendo uma seção da polícia especializada no roubo de obras de arte e livros. Na Itália, por exemplo, ela é particularmente eficaz, tendo sido instituída na época em que se tratava de encontrar obras de arte desaparecidas durante a guerra. E, por fim, se o ladrão decide pegar apenas três livros, ele certamente vai se enganar pegando os formatos mais imponentes, ou aqueles cuja encadernação é a mais bonita, pensando que são os mais caros, ao passo que o livro mais raro às vezes é tão pequeno que passa despercebido.

O maior risco é o da pessoa enviada especialmente por um colecionador louco que sabe que você possui aquele livro e que o quer de qualquer maneira, mesmo ao preço de um roubo. Mas você precisaria possuir o *Folio* de Shakespeare de 1623, de outra forma não vale a pena assumir tantos riscos.

JCC: Você sabe que existem "antiquários" que apresentam catálogos de móveis antigos, os quais ainda se encontram nas casas dos donos. Se você se interessar, eles planejam o roubo, e exclusivamente daquele móvel. Mas no geral concordo com o que você disse. Fui assaltado uma vez. Os ladrões levaram a televisão, um aparelho de rádio, mas nenhum livro. Roubaram uns 10 mil euros, ao passo que, pegando um único livro, sairiam com cinco ou dez vezes essa soma. Portanto, somos protegidos pela ignorância.

JPT: *Imagino que todo colecionador de livros sinta pavor do fogo...*

UE: Com certeza! E é por essa razão que pago um seguro considerável pela minha coleção. Não é coincidência eu ter escrito um romance sobre uma biblioteca que arde em chamas. Sempre tive medo de que minha casa pegasse fogo. E hoje sei por quê. O apartamento onde morei entre 3 e 10 anos ficava embaixo do apartamento do capitão dos bombeiros da minha cidade. Com muita frequência, eventualmente várias vezes na semana, um incêndio declarava-se no meio da noite e os bombeiros, precedidos por sua sirene, vinham arrancar o capitão do seu sono. Eu acordava ouvindo o barulho de suas botas na escada. No dia seguinte, a mulher dele contava à minha mãe todos os detalhes da tragédia... Você compreende por que minha infância foi assombrada pela ameaça do fogo.

JPT: *Eu gostaria de voltar ao destino de suas coleções pacientemente reunidas...*

JCC: Posso imaginar que minha mulher e minhas filhas venderão minha coleção, completa ou parcial, para pagar direitos de sucessão, por exemplo. Não é um pensamento triste, ao contrário: quando livros antigos voltam ao mercado, eles se dispersam, vão para outros lugares, fazem gente feliz, preservam a paixão bibliofílica. Você certamente se lembra do coronel Sickels, aquele abastado colecionador americano que detinha a mais extraordinária coleção de literatura francesa dos séculos XIX e XX que podemos imaginar. Vendeu sua coleção à Drouot[5] ainda em vida. A negociação durou 15 dias. Encontrei-o depois dessa venda memorável. Não havia arrependimento. Estava inclusive orgulhoso de ter deixado em polvorosa durante duas semanas algumas centenas de verdadeiros aficionados.

UE: Meu assunto é de tal forma peculiar que não sei exatamente a quem minha coleção poderia de fato interessar. Não gostaria que meus livros terminassem nas mãos de um ocultista, que inevitavelmente se afeiçoaria a eles, mas por outras razões. Quem sabe minha coleção não será comprada pelos chineses? Recebi um número da revista *Semiotica*, editada nos Estados Unidos e dedicada à semiótica na China. As citações dos meus livros nela são mais numerosas do que em nossas obras especializadas. Pode ser que minha coleção venha a interessar um dia, mais que a qualquer um, a pesquisadores chineses que quisessem compreender todas as loucuras do Ocidente.

---

[5] Trata-se da maior casa de leilões da França, com sede em Paris. *(N. do T.)*

Este livro foi composto na tipologia Minion,
em corpo 12,5/15,2, impresso em papel off white 80g/m²,
no Sistema Cameron da Divisão Gráfica
da Distribuidora Record.